RHODIA

CULTURA DE INOVAÇÃO E LEGADOS DE UMA EMPRESA CENTENÁRIA

Maria Tereza Gomes
(Organização)

QUALITYMARK

Maria Tereza Gomes
(Organização)

Com Jabuticaba Conteúdo e **Associação Ródano**

Jimena Carro
Márcia Rocha
Rodrigo Masaia

Albino Nadaes Campos
Carlos Cardoso
Cesar Gomes
João de Oliveira
Rubens José Paulella
Vilien Soares

RHODIA

CULTURA DE INOVAÇÃO E LEGADOS DE UMA EMPRESA CENTENÁRIA

QUALITYMARK

Direção Editorial	Produção Editorial
SAIDUL RAHMAN MAHOMED editor@qualitymark.com.br	EQUIPE QUALITYMARK

Capa	Editoração Eletrônica
KLAUS BERNHOEFT	ABREU´S SYSTEM

associação Ródano
Juntos fazemos melhor

CIP-BRASIL. CATALOGAÇÃO NA PUBLICAÇÃO
SINDICATO NACIONAL DOS EDITORES DE LIVROS, RJ

G615r

Gomes, Maria Tereza
Rhodia : cultura de inovação e legados de uma empresa centenária / Maria Tereza Gomes. – 1. ed. – Rio de Janeiro : Qualitymark Editora, 2021.
224 p. : il. ; 23 cm.

ISBN 978-85-414-0399-3

1. Rhodia (Firma) – História. 2. Rhodia (Firma) – Administração. 3. Indústria têxtil. 4. Indústria química. I. Título.

21-70131 CDD: 338.4767709
CDU: 677(09)

Leandra Felix da Cruz Candido – Bibliotecária – CRB-7/6135

2021
IMPRESSO NO BRASIL

Qualitymark Editora Ltda.	www.qualitymark.com.br
Rua Carlos Machado, 155 – sl. 207	E-mail: quality@qualitymark.com.br
Polo Cine e Vídeo – Jacarepaguá	Tels.: (21) 3597-9055 / 3597-9056
CEP: 22775-042 – Rio de Janeiro – RJ	Vendas: (21) 3296-7649

SOBRE A ASSOCIAÇÃO RÓDANO

A Associação Ródano é uma associação civil, sem fins lucrativos, que reúne pessoas que tiveram ou têm alguma ligação com a Rhodia. Com sede em São Paulo, reúne mais de 250 aposentados, ex-empregados e que compartilham histórias e admiração pela empresa Rhodia. Por isso, querem continuar conectados, realizar projetos em parceria e agregar valor à sociedade com seu legado. Fundada em 2004, a associação teve como primeiro presidente Paolo Guglielmo Bellotti, que entrou na Rhodia em 1968 e chegou a ser vice-presidente executivo da Rhodia e membro dos comitês mundiais da Rhône-Poulenc, além de presidente da Rhodia Argentina.
Mais informações: www.rodano.org.br

SOBRE A JABUTICABA CONTEÚDO

A Jabuticaba Conteúdo é uma produtora de conteúdo independente, especializada em comunicação empresarial estratégica. Fundada em 2010 em São Paulo, tem como missão contar histórias por meio de livros, vídeos, *podcasts* e outras ferramentas de comunicação. Acredita que a comunicação simples e descomplicada conecta empresas e pessoas e, assim, torna o mundo melhor.
Mais informações: www.jabuticabaconteudo.com.br

SUMÁRIO

Legados de Uma Empresa Única – Impactos na Indústria, Tecnologia e Cultura

2000–2020
Depois

PREFÁCIO

Rhodia:
Uma escola de vida e de gestão

Por Edson Vaz Musa, presidente da Rhodia no Brasil de 1984 a 1996 e membro do Comitê Executivo do Grupo Rhône-Poulenc na França de 1986 a 1996

Em nossa vida, temos várias infâncias que formam nosso caráter e nos ensinam valores e princípios. Minha primeira infância foi em casa, com uma mãe fantástica cheia de amor e civilidade. A seguinte, foi na escola. No meu caso, tive o privilégio de ter entrado no ITA, onde, além de engenharia, aprendi e convivi com a Disciplina Consciente. É um conceito complexo, mas fantástico em seus valores. Eu o carreguei e o pratiquei em toda a minha vida familiar, social e profissional. A disciplina consciente era apresentada já no primeiro dia dos alunos na escola — e era explicada pelos veteranos.

Os calouros eram avisados que no ITA não se cola, não se mente e não se rouba. Durante os cinco anos do curso, essa consciência era desenvolvida e praticada. Muitas vezes, nossos professores davam provas para fazer em casa e apenas avisavam: "esta prova é sem consulta e vocês têm 50 minutos". Todo mundo obedecia. Era muito mais restritivo do que fazer a prova sendo supervisionado. Encontrei essa disciplina ética também na Rhodia, meu primeiro e único emprego.

A terceira infância acontece quando entramos numa empresa. Chegamos cheios de teorias e logo aprendemos que não sabemos muito. Assim como crianças que nos primeiros anos aprendem a falar e a andar, aprendemos a trabalhar em equipe, a seguir normas e procedimentos no desenvolvimento de produtos e serviços, a atender clientes com qualidade e, sobretudo, aprendemos a trabalhar em equipe e liderar pessoas. Um mundo novo! Tive a sorte de ter a Rhodia como "escola" nessa terceira etapa da vida. Encontrei uma empresa sem conflitos internos, com fortes valores de correção empresarial, uma comunidade sem maus feitos e com colegas que rapidamente viraram amigos. Era uma comunidade tão forte que sobrevive até hoje. Quantas empresas no Brasil têm um grupo de *alumni* tão orgulhosos e presentes como nós?

A Rhodia era uma empresa para entrar e se aposentar. Era nossa segunda casa. Ninguém entrava pensando em ficar dois ou três anos e depois sair. Todos sentíamos um orgulho muito grande — e ainda sentimos. Era o emprego para a vida. A Rhodia também não demitia ninguém. Além disso, as fábricas ficavam em cidades relativamente pequenas. Santo André, onde ficava uma das unidades mais importantes, era um pequeno mundo. Casávamos por lá, tínhamos filhos por lá. Era tudo muito intenso e agradável. Tudo isso fez com que muitos sejamos amigos até hoje.

Os meus primeiros anos na fábrica de Santo André são a minha melhor lembrança da Rhodia. Eu era um jovem engenheiro, mas tinha quase 200 pessoas na minha equipe. Entre eles, estavam profissionais bem mais experientes, como chefes de serviços, contramestres (Wilmar, Eliel, Alberto, Oswaldão, Lissoni...) e operários. Diariamente, na última meia hora do turno deles, nos reuníamos na minha sala. Eu dava aulas teóricas sobre algo relevante como física, mecânica ou aerodinâmica. E, depois do papo, quase sempre fazíamos um *happy hour*. Até hoje, encontro com esse pessoal. Aquele período da minha juventude profissional, em que construí grandes amizades, me marcou muito mais do que o período como presidente.

O grupo Rhône-Poulenc, então o maior grupo químico e farmacêutico da França, tinha forte presença no mundo inteiro. Mas, sem dúvidas, a Rhodia, sua filial brasileira, era a maior, a mais rentável e a única que atuava com a mesma complexidade da matriz francesa, isto é, operava com todas as unidades de negócio do grupo. No início dos anos 1990, o grupo, que tinha suas ações cotadas em bolsa de valores, passou a sofrer forte pressão do mercado financeiro para simplificar seu portfólio de negócios. As empresas *pure play* (aquelas com um único setor de negócio) tinham mais valor que os conglomerados. Começamos, assim como todas as empresas do ramo, a busca pela simplificação de nossas linhas industriais. No nosso caso, isso significou a separação das atividades químicas daquelas chamadas de "ciências da vida" (farmacêutica, vacinas, veterinária, defensivos agrícolas).

Dessa forma, as unidades de negócio viraram empresas, as empresas fundiram-se com as de outros conglomerados e, em seguida, participaram da reestruturação de outros negócios. É o que aconteceu, por exemplo, com a divisão farmacêutica da Rhône-Poulenc, que se fundiu com a farmacêutica Hoechst e formou a Aventis, que depois se fundiu com a Sanofi dando origem à Sanofi Aventis, agora apenas Sanofi. E, seguindo nessa onda de reestruturação, as unidades de negócio da área química (química de base, especialidades químicas e fibras) tornaram-se uma empresa chamada mundialmente de Rhodia, hoje pertencente ao grupo belga Solvay.

Este livro, uma iniciativa de ex-funcionários da Rhodia que se reúnem em torno da Associação Ródano, pretende contar uma parte da história dessa empresa centenária. Espero que você, leitor, consiga enxergar em cada página o orgulho que sentimos de ter participado da construção dessa fabulosa marca. A Rhodia fez muito pelo Brasil em inovação tecnológica, em liderança inconteste em procedimentos e práticas de recursos humanos, no pioneirismo em comunicação social e no relacionamento com a sociedade. E o PRHOEX – Processo Rhodia de Performance de Excelência, que será abordado adiante neste livro, o movimento de transformação cultural que empreendemos a partir de meados dos anos 1980, e do qual tive a honra de participar, continua sendo exemplar pela profundidade e perenidade dos resultados.

Tenho muito orgulho de ter trabalhado por 35 anos nesta fantástica empresa. Orgulho pela quantidade de clientes que viraram amigos e pelos colegas que até hoje continuam unidos.

APRESENTAÇÃO

A Rhodia pode ser definida de muitas formas. Dependendo do interlocutor, ela pode ser acolhedora, revolucionária, inquieta, vanguardista, singular. No entanto, um adjetivo aparece na fala de todos: inovadora. A Rhodia lançou a moda brasileira por meio de desfiles memoráveis na Fenit do começo dos anos 1960, nos quais misturava moda, modelos e *shows* de MPB; lançou tecidos, como o Tergal, e fibras sintéticas, como o *nylon* e o poliéster; adotou estratégias de relacionamento com *stakeholders* muito antes desse termo entrar no dicionário corporativo; foi a primeira a ter uma ouvidoria do cliente; a primeira multinacional relevante a ter um brasileiro na cadeira de presidente; lançou há décadas medicamentos que ainda estão à venda nas farmácias, como Clexane[1], Taxotere[2], Lantus[3], Gardenal e Flagyl. Entre os anos 1960 e 2000, período ao qual este livro se debruça, mesmo com o mercado fechado, transformou-se numa empresa de classe mundial por meio de modelos de gestão inéditos no país.

Para levantar a longa lista de legados deixados pela Rhodia, empresa que pertenceu ao grupo francês Rhône-Poulenc de 1928 a 1999, especialmente naquelas quatro décadas, foram ouvidos mais de 70 rhodianos

1 Medicamento da substância enoxaparina, aplicado como antitrombótico e anticoagulante em casos de antitrombose pulmonar e antitrombose venosa profunda.

2 Medicamento da substância taxoide. É um antineoplásico aplicado em câncer de mama e câncer de pulmão de células não pequenas.

3 Medicamento de insulina gargina, aplicado como antidiabético em casos de diabetes mellitus I e II.

e ex-rhodianos (sendo cinco ex-presidentes) de várias gerações[1], por meio de 21 entrevistas presenciais — individuais e em grupo — e mais de 30 depoimentos enviados por escrito. Alguns dos entrevistados ainda estão na ativa, na própria Rhodia, hoje uma empresa do grupo belga Solvay, ou em outras organizações dentro e fora do Brasil. A maioria dos que se dispuseram a contar sua história profissional e pessoal passou a vida dentro das fábricas e escritórios da Rhodia, aposentou-se, mas segue se reunindo em torno da Ródano, a Associação que reúne ex-empregados e aposentados da empresa e que viabilizou a produção deste livro. Esta obra é deles, escrita com um objetivo: resgatar para as novas gerações a história de uma empresa, agora centenária, que foi uma voz influente na economia, nos costumes e na saúde dos brasileiros. Além das entrevistas e depoimentos, que juntos equivalem a quase mil páginas de texto repletas de informações e memórias, centenas de documentos impressos e digitalizados foram analisados pela Jabuticaba Conteúdo, em parceria com os membros da Ródano que lideraram o projeto deste livro.

A empresa fez história especialmente nos setores químico, farmacêutico e têxtil. E para contá-la, além da memória dos entrevistados, foram utilizados documentos e registros históricos públicos e privados. Reportagens de jornais e revistas relatam investimentos em pesquisa, importação de tecnologias, licenciamento de produtos, compra de outras indústrias, implantação de fábricas (chegou a ter 14 no Brasil). Editoriais de moda das revistas femininas dos anos 1960 mostram a influência que a marca teve no setor têxtil e de confecções. Antigos comerciais de televisão mostram que mesmo em suas frentes de atuação B2B (*business-to-business*) fazia questão de se comunicar diretamente com o cliente final, sem o filtro do fabricante da roupa. Ela não confeccionava camisas, ternos nem calças, mas as peças finais compradas nas lojas levavam sua etiqueta "Você fala, a Rhodia escuta".

E não parou por aí. A Rhodia entendeu que precisava falar também com a imprensa, o que deu origem à sua política "Portas Abertas" e à construção de um relacionamento mais próximo com todos os seus públicos de interesse. Na época das pesadas greves sindicais no ABC Paulista — sua principal unidade ficava em Santo André —, chamou os sindicalistas para palestrar para os executivos. Queria aprender como eles pensavam. Estruturada com "cabeça de engenheiro" — trabalhavam ali 400 engenheiros em determinado momento —, a empresa valorizava

1 Para melhor contextualização, usaremos a nomenclatura dos cargos dos entrevistados à época em que trabalhavam na Rhodia.

a prata da casa. Ainda nos anos 1970, migrou de um modelo de gestão centralizador para um mais participativo: incentivou que o conhecimento fosse compartilhado, tirou poder dos chefes e o distribuiu para as equipes, expatriou talentos. Ao longo dos anos, implantou ferramentas de recursos humanos inovadoras, como plano de desenvolvimento individual e análise de potencial.

Por se tratar de uma multinacional francesa, durante os primeiros 50 anos no país, predominou aqui a cultura da matriz. Os executivos eram estrangeiros, a língua era o francês, a autonomia local era pouca. A partir dos anos 1960, isso foi mudando com a chegada dos primeiros engenheiros brasileiros, recrutados no ITA (Instituto de Tecnologia da Aeronáutica) e na Escola Politécnica da USP. Com a cultura se abrasileirando — e porque sempre deu lucro, exceto em 1990, ano do confisco realizado pelo Plano Collor —, a filial foi ganhando autonomia em relação à matriz. O resultado é que, quando precisou, pôde se adaptar às peculiaridades brasileiras com uma gestão capaz de fazer frente à economia fechada do período da ditadura militar e, principalmente, às crises financeiras geradas pela hiperinflação nos anos 1980. Mais do que isso: antecipou-se à abertura de mercado que viria nos anos 1990, preparando a equipe, a cultura e o estilo de gestão para concorrer globalmente.

O fato é que a marca Rhodia ganhou reputação dentro e fora das nossas fronteiras. Em 1999, quando a área de saúde do Rhône-Poulenc se fundiu à Hoechst, criando a Aventis, o grupo francês não teve dúvidas: deu o nome Rhodia às suas operações globais de química e têxtil. Tornou-se tão forte que, ao adquirir a empresa em 2011, a Solvay resolveu manter o nome no Brasil — ao contrário do que foi feito nos outros países. A Solvay está no Brasil desde 1948, atuando principalmente no setor químico e na produção de plásticos. Com a Rhodia, ganhou musculatura.

Este livro não é uma linha do tempo dos mais de 100 anos da Rhodia. É um livro sobre legados deixados por um determinado período de sua história. Por isso, em vez de relatos cronológicos, está organizado por grandes temas, em três blocos. No primeiro deles, abordamos os aspectos internos da Rhodia, detalhando o que acontecia dentro da empresa. Discorremos sobre a excelência como objetivo constante da empresa — antes da estruturação de um processo específico com esse propósito (Capítulo 2 *Jeito Rhodia de Fazer Bem Feito*) e enquanto ele esteve em prática (Capítulo 3, *Em Busca da Excelência*), a mudança de cultura organizacional (Capítulo 4, *Equipe de Classe Mundial*) — com base em ações estratégicas para a gestão de pessoas e de modelo de governança da empresa (Capítulo 5, *Gestão à Brasileira*).

No segundo bloco, o foco é o reflexo causado por essas ações no contexto externo. Damos ênfase aos projetos de vanguarda na comunicação (Capítulo 6, *Diálogo com a Sociedade*) e à atuação da Rhodia no mercado da moda (Capítulo 7, *A Rhodia no Mundo da Moda*), algo até então incomum para uma companhia que atuava mais no segmento B2B do que no B2C. Na sequência, exploramos a construção de pontes com seus *stakeholders* (Capítulos 8, *A Construção de Uma Marca*, e 9, *Relacionamento que Gera Confiança*). Já o terceiro bloco aborda os impactos deixados pela Rhodia em seus três principais setores de atuação: farmacêutico (Capítulo 10, *Rhodia Farma e Ciências da Vida: Uma História Marcada por Contribuições Incalculáveis*), têxtil (Capítulo 11, *Rhodia Têxtil: A Revolução dos Tecidos*) e químico (Capítulo 12, *Rhodia Química: Criatividade que Inspira*). Inovações, produtos que marcaram época e o pioneirismo em diversas atividades são abordados nos três capítulos.

Ao final, contamos também quais foram os legados deixados pelos 20 anos mais recentes da história da companhia (Capítulo 13, *Uma Empresa que Continua Fazendo História*), período que inclui a aquisição pela Solvay, que continua honrando o nome construído pela Rhodia. Quais frutos foram colhidos após todo o trabalho realizado no passado? De que forma as alterações no comando da empresa impactaram o futuro da Rhodia? São exemplos de algumas perguntas a que o capítulo final responde com a ajuda da atual presidente, Daniela Manique, que escreveu o posfácio. Mas antes de tudo isso, vamos contextualizar o início da Rhodia: uma breve história dos primeiros 40 anos da empresa (Capítulo 1, *A juventude de Uma Gigante*). Afinal, essa jornada incrível teve um começo igualmente emocionante.

1919–1960

ANTES

A juventude de uma gigante

CAPÍTULO 1

Os primeiros 40 anos

O ano era 1919. Em meio ao período conhecido como "República do Café com Leite", em que paulistas (produtores de café) e mineiros (produtores de leite) se alternavam no poder, o Brasil era presidido pelo jurista Epitácio Pessoa, apoiado pelos agricultores de Minas Gerais. O país era predominantemente rural e o cenário não era diferente no pequeno distrito paulista de Santo André, que à época pertencia ao município de São Bernardo do Campo. Dos 30 milhões de brasileiros, a população do país naquele tempo, apenas 25 mil habitavam a região. Ali, naquele remoto vilarejo, à margem esquerda do rio Tamanduateí, cinco anos antes, a *Société Chimique des Usines du Rhône* (SCUR - em tradução livre para o português, algo como Sociedade Química de Fábricas do Rio Ródano) adquirira uma porção de terras com o intuito de instalar uma fábrica de lança-perfume — espécie de *spray* utilizado nas festas de Carnaval para que os foliões perfumassem uns aos outros.

A empreitada foi motivada por uma visita, em 1911, de um representante do grupo, que constatou *in loco* durante a festividade o volume de vendas do lança-perfume importado da França. O promissor negócio animou os executivos da SCUR a iniciar suas atividades em terras tupiniquins. A eclosão da Primeira Guerra Mundial (1914 – 1918) na Europa, porém, acabou frustrando os planos dos empresários franceses, que precisaram deixar o projeto em suspenso até a assinatura do Tratado de Versalhes, em junho de 1919. O acordo ratificou o fim dos confrontos, ocorrido com a rendição do exército alemão em novembro de 1918. Só então a SCUR retomou os planos de entrar no mercado brasileiro.

Em 19 de dezembro de 1919, no Consulado do Brasil em Paris, foi constituída a Companhia Química Rhodia Brasileira. Foram eleitos seis diretores, três conselheiros fiscais e outros três suplentes. Henri

Sannejouand (que hoje dá nome a uma das avenidas que circundam a fábrica em Santo André), Félix Fulconis e Jaques Bloch foram incumbidos de chefiar o início das operações. As firmas foram reconhecidas pelo vice-cônsul brasileiro e, posteriormente, pela Alfândega de Santos. O arquivamento dos estatutos da Rhodia na Junta Comercial do Estado de São Paulo ocorreu em 24 de janeiro de 1920.

Com a empresa oficialmente fundada, teve início a construção da fábrica no terreno localizado onde hoje está a avenida dos Estados. Por ali também passavam os trilhos da São Paulo Railway, que ligavam o Porto de Santos a Jundiaí. Essa ferrovia deu lugar a um dos ramais dos trens metropolitanos de passageiros que integram a Grande São Paulo. A inauguração aconteceu em 1921, com a produção de ácido sulfúrico, ácido clorídrico, ácido nítrico e ácido acético. No ano seguinte, teve início a produção do Rhodouro, primeiro lança-perfume 100% nacional. Nas décadas seguintes, a empresa diversificou e ampliou suas atividades, acrescentando novas áreas de atuação e produtos. A criatividade, tecnologia e excelência na gestão de processos e pessoas foram marcantes desde o começo da construção da marca Rhodia.

Em 1928, enquanto a Rhodia estava prestes a completar sua primeira década por aqui, lá na França a SCUR se fundia à *Établissements Poulenc Frères* dando origem à Rhône-Poulenc, companhia que administraria a Rhodia até o final do século XX. No ano seguinte, o Brasil assistiu incrédulo a produtores de café queimando volumes gigantescos do produto por causa da crise provocada pela quebra da bolsa de Nova York. Com as exportações para os Estados Unidos, nossos maiores compradores de café, interrompidas, o preço desabou.

A crise não afetou os planos da Rhodia, que continuou investindo em Santo André: adquiriu um terreno para instalar sua Divisão Têxtil e também aumentou a captação de água no rio Tamanduateí para suprir a crescente demanda de seu processo produtivo. O abastecimento de água nas fábricas da Rhodia foi um problema que persistiu por décadas. Um dos momentos mais críticos ocorreu na segunda metade da década de 1930. Como a vazão na barragem do rio já não era suficiente para suprir a demanda, foi preciso buscar fontes alternativas de água. Os estudos geológicos para a perfuração de poços dentro do terreno da própria fábrica deram resultado apenas em 1938.

A fábrica da Rhodia Têxtil de Santo André, em 1935 ...

... e em 2005: a zona rural abre espaço para a cidade

Além de ser insuficiente, a água do Tamanduateí era poluída; a má qualidade danificava as máquinas. Visando a um melhor aproveitamento desse recurso natural, foi elaborado um plano para converter em água o vapor gerado nos processos produtivos (a solução definitiva para o problema do abastecimento foi obtida 20 anos depois, com a conexão às tubulações da Prefeitura de Santo André). A inovação reduziu a dependência do rio — e a Rhodia continuou sua expansão, atraindo até autoridades. O governador de São Paulo, Lucas Nogueira Garcez, esteve presente à inauguração da unidade de produção de amônia, em 1952.

Esses percalços nunca detiveram os planos de expansão da Rhodia. Com a deflagração da Segunda Guerra Mundial (1939–1945), a montagem da chamada Fábrica A (que abrigaria diversos produtos da Divisão Química) ficou seriamente comprometida, pois boa parte dos equipamentos, que eram importados da Europa, não foram entregues. Alternativas foram procuradas no Brasil e nos Estados Unidos. Com maquinário e fontes de combustíveis readequadas, o projeto foi inaugurado parcialmente em 1940.

Por causa da Guerra, a empresa também sofreu com a escassez de combustíveis importados da Europa e com a queda na oferta de cloro pois fábricas locais que pertenciam a empresários alemães foram fechadas. Como se tornaria quase uma tradição na sua história, a Rhodia foi em busca de uma solução própria. Em 1942, adquiriu a Fazenda São Francisco, localizada entre os municípios de Paulínia, Campinas e Sumaré, no interior de São Paulo. Finalidade: abrigar uma plantação de cana-de-açúcar para produção de álcool, que passou a ser combustível que abastecia as linhas da empresa. A propriedade era tão grande que contava com diversas vilas de operários, escolas, mercados e igrejas.

Com várias divisões e unidades, a comunicação dentro da própria Rhodia tornou-se um grande desafio. A maneira encontrada para compartilhar a informação internamente foi a criação, em 1947, do *Rhodia Jornal*, boletim mensal com notícias da companhia, informações acadêmicas e práticas empresariais.

E o veículo de comunicação veio em boa hora, pois no ano seguinte a direção da companhia deixou Santo André e mudou-se para um prédio novinho em folha, na rua Líbero Badaró, centro de São Paulo. Com 15 andares, o Edifício Rhodia era um dos mais modernos na época e estava localizado no centro financeiro da capital paulista. Hoje, batizado de Edifício São Joaquim, abriga a Secretaria Municipal de Direitos Humanos e Cidadania.

A unidade de Paulínia foi instalada em fazenda adquirida nos anos 1940

Antiga sede é utilizada atualmente para treinamentos e eventos

Inovações também eram adotadas na gestão de pessoas, uma área na qual a Rhodia viria a ser reconhecida nas décadas seguintes. Nos anos 1950 duas novidades marcaram época. Em 1954, foram criadas a Comissão Interna de Prevenção de Acidentes (CIPA) e a Cooperativa de Consumo dos Empregados das Companhias Rhodia, Rhodiaceta e Valisère. A Cooperhodia era uma novidade na época e, anos mais tarde, daria origem à rede de supermercados Coop, existente até hoje, e que tem lojas espalhadas pelas regiões do ABC Paulista e Vale do Paraíba e em cidades como Sorocaba, Tatuí e Piracicaba.

Aliás, essa postura cuidadosa da Rhodia em relação a seus empregados já era encontrada em seus primeiros anos no país. Em caso de necessidade, como construção ou reforma de imóveis, a companhia fazia empréstimos e adiantamentos. Nos anos 1960, isso seria formalizado com a criação de outra cooperativa, agora para dar crédito aos funcionários. Quando completou 40 anos, em 1959, a Rhodia implantou o Centro de Treinamento para Operários de Indústrias Químicas. A novidade era um reflexo de uma das grandes preocupações da empresa, desde sua chegada ao país: investir no aprimoramento do time.

A origem como Indústria Química

A produção química no primeiro pavilhão fabril da Rhodia foi inaugurada em 1922, onde era produzido o Rhodouro, e foi expandida nos anos seguintes com diversos outros lançamentos, como éter, hipossulfito, ácido acético e silicato de sódio. Em 1932, um fato curioso interrompeu a produção da fábrica química. Com a Revolução Constitucionalista, quando tropas paulistas se colocaram contra o governo de Getúlio Vargas, a produção do lança-perfume foi paralisada por dois meses. A fábrica foi requisitada para produzir cartuchos de fuzis para a Força Pública Paulista[1] sob supervisão dos militares.

1 Corporação que posteriormente deu origem à Polícia Militar do Estado de São Paulo.

A fábrica da Rhodia Química de Santo André, em 1938 ...

... e nos 1990: expansão e urbanização

Há relatos da época indicando que, devido ao formato de o lança-perfume ser semelhante ao de uma bala de canhão, o molde foi solicitado também para produzir obuses, arma utilizada para disparar projéteis explosivos. Superados os conflitos, a vida seguiu como antes e a produção voltou ao normal.

Diferentes tubos de lança-perfume: o primeiro produto fabricado pela Rhodia

Na década seguinte, a Rhodia seguiu fazendo jus à sua postura de expandir e explorar novos nichos. A novidade agora era a produção de plásticos de acetato de celulose, iniciada em 1945 com a aquisição da Indústria Brasileira de Óculos e Lentes. Antes da virada da década, outro produto foi lançado, marcando a incursão no setor agrícola: o inseticida Rhodiatox, utilizado principalmente no combate a pragas em lavouras e insetos em ambientes domésticos.

Na década de 1950, o lança-perfume polarizou opiniões na sociedade. Havia os defensores do uso recreativo durante o Carnaval e os que o viam como entorpecente. Em 1961, Jânio Quadros[1] pôs fim ao debate ao proibir o lança-perfume. Na mesma época, a antiga fazenda de cana-de-açúcar em Paulínia deu início à sua primeira atividade industrial: produção de acetato de vinila, solvente usado para consumo das demais unidades da Rhodia.

1 Presidente do Brasil de janeiro a agosto de 1961

Do gardenal à penicilina

Gardenal, Penicilina e Amplictil são apenas três exemplos de produtos que foram lançados e produzidos pela Rhodia. Tudo começou com o analgésico Rhodine, que tinha o ácido acetilsalicílico (AAS) como princípio ativo, em 1925. Conhecida principalmente como uma empresa química, a Rhodia tinha o desafio de consolidar sua marca de medicamentos também entre médicos e pacientes.

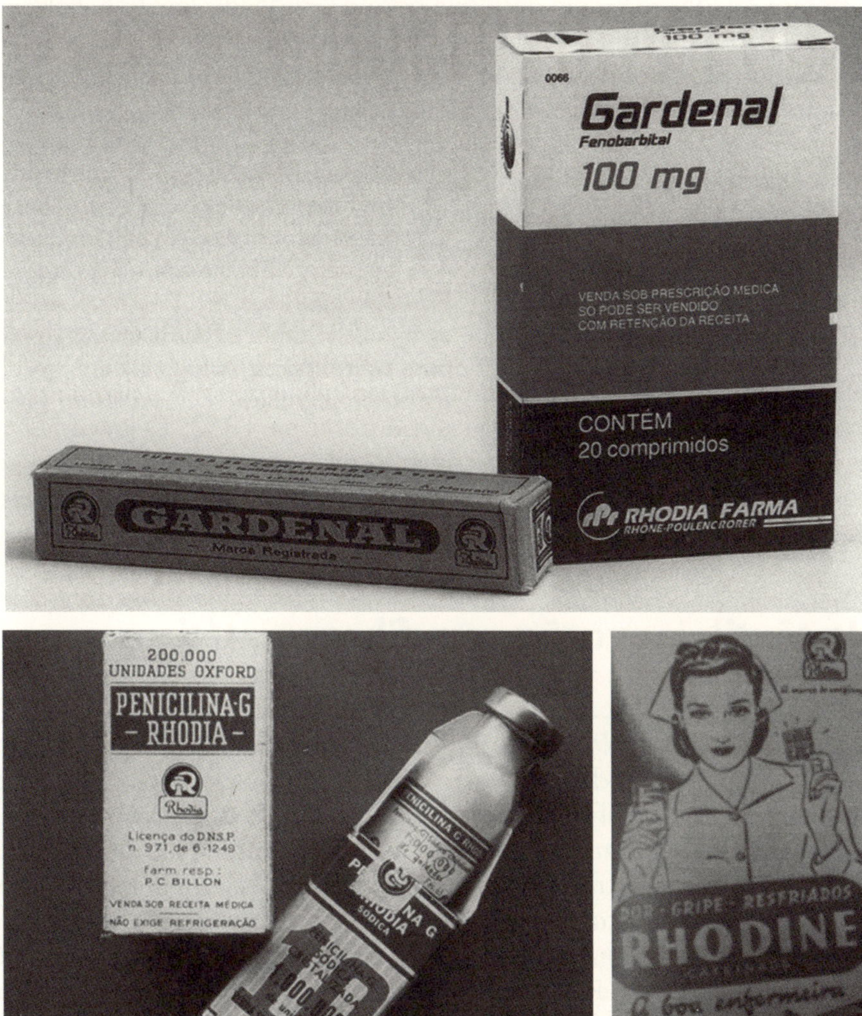

Gardenal, Penicilina e Rhodine são alguns dos medicamentos da Rhodia Farma

Por isso, em 1931 criou o Serviço de Propaganda, precursor do Departamento de Especialidades (Depesp), com o intuito de organizar a área comercial. Os farmacêuticos Júlio Sauerbronn de Toledo e Eduardo Valente Simões foram os primeiros propagandistas-vendedores (conhecidos pela sigla PV). Dez anos depois, a equipe contava com mais de 50 integrantes. Sua função era mostrar aos médicos a aplicação e os resultados dos medicamentos da Rhodia.

Ao mesmo tempo que a empresa se tornava cada vez mais conhecida, também ampliava a sua gama de produtos. Em 1935, uma série de remédios foi lançada, com destaque para o Gardenal, Tecarine, Pelletier e Acetilarsan, que se tornaram referências posteriormente.

A partir do final da década de 40 a produção de antibióticos da Rhodia Farma começou a mostrar sinais de crescimento. No início da segunda metade do século XX, vieram também os estudos para iniciar a fabricação de penicilina. Em 1951, começaram as adequações necessárias para acomodar as novas máquinas, além do remanejamento de outros setores que permitiram a estocagem adequada da produção.

A vinda do antibiótico foi uma revolução. As instalações dessa fábrica exigiram enormes adequações para atender às especificidades do processo produtivo que, entre outras coisas, exigia maior capacidade de refrigeração e a instalação de um forno de incineração. A psiquiatria no Brasil também não foi mais a mesma a partir de 1953. O lançamento do neuroléptico Amplictil, medicamento para crises psicóticas de pacientes depressivos ou esquizofrênicos, substituiu o tratamento à base de choques elétricos.

Na têxtil, inovação com fibras sintéticas e artificiais[1]

O terreno para a implantação da fábrica da Rhodiaceta, divisão têxtil da Rhodia, foi adquirido em 1923. O início das operações ocorreu seis anos depois, com a fabricação da fibra artificial de acetato de celulose. No começo, o consumidor brasileiro não quis saber muito desse novo produto. Preferia suas roupas feitas em algodão e linho. Na tentativa de promover a aceitação da nova fibra, os executivos da Rhodia tomaram a ousada decisão de implantar em 1935 uma fábrica da Valisère, marca francesa de *lingerie* que era sucesso na Europa. O intuito era mostrar a

1 Fibras sintéticas são produzidas de produtos químicos desenvolvidos em laboratório. Já as artificiais são feitas de compostos encontrados na natureza.

qualidade das peças produzidas com essa fibra artificial. A estratégia revelou-se certeira e as vendas do acetato de celulose deslancharam. Em 1946, a Rhodia fez uma nova incursão ao interior paulista, agora em São José dos Campos, no Vale do Paraíba. Implantou ali a Rhodosá de Rayon para fabricar a fibra artificial de *rayon* viscose, usada na produção de tecido similar ao linho e ao algodão.

Um novo tipo de tecido, revolucionário à época, começou a ser produzido em Santo André em 1955: o *nylon*. O fio sintético de poliamida fez sucesso primeiramente em meias e maiôs. Depois, passou a ser utilizado em velcros, bermudas, roupas íntimas, entre outros. Até hoje, é figura comum em diversas peças de vestuário.

Memórias de Walter Bevilacqua

Walter Bevilacqua nasceu em Amparo, interior de São Paulo, em 1917. Aos 11 anos, foi contratado como office-boy e aprendiz de desenhos pela Rhodia. Ali permaneceu até a aposentadoria, em 1953. Virou referência entre os colegas por ser um guardião da história dos primórdios da companhia. Seu pai foi um dos primeiros funcionários da Rhodia, contratado em 1920 como mecânico de manutenção. Boa parte das informações históricas sobre os primeiros anos da companhia foram obtidas no livro Memórias de Walter Bevilacqua - Rhodia Química Santo André - Os Seus Primeiros 50 Anos, publicado em 1997 pela Rhodia Química Santo André. Engenheiro mecânico, participou da fundação da Cooperhodia. Quando deixou a empresa, dedicou-se à pintura artística.

Linha do tempo

1911 Representante da SCUR viaja da França ao Brasil para verificar *in loco* o volume de vendas do lança-perfume importado.

1914 A SCUR adquire terreno em Santo André para construção da fábrica.

1919 Após o fim da Primeira Guerra Mundial, é fundada a Companhia Química Rhodia Brasileira.

1922 As primeiras instalações ficam prontas e tem início a produção do Rhodouro, primeiro lança-perfume nacional, e do medicamento Rhodine.

1928 A SCUR funde-se à *Établissements Poulenc Frères* e dá origem à Rhône-Poulenc. Após a fusão, é criada a Spècia (*Societé Parisienne d'Expansion Chimique*), empresa que explorava comercialmente os produtos farmacêuticos do grupo.

1929 É finalizada a construção da unidade têxtil. A Rhodiaceta inicia suas atividades.

1935 A fábrica de *lingeries* Valisère chega ao Brasil. Medicamentos como Gardenal, Tecarine, Pelletier e Acetilarsan são lançados.

1942 Em meio à Segunda Guerra Mundial, é adquirida a Fazenda São Francisco, em Paulínia, para produção de cana-de-açúcar que geraria matéria-prima para consumo interno.

1945 Início da produção de acetato de celulose para a confecção de óculos e lentes.

1946 Em São José dos Campos entra em operação a Rhodosá de Rayon, unidade que produzia a fibra têxtil de *rayon* viscose.

1948 É lançado o produto agrícola Rhodiatox.

1948 Início da produção da penicilina cristalizada

1953 O lançamento do neuroléptico Amplictil revoluciona a psiquiatria no Brasil.

1955 Tem início a produção de *nylon* em Santo André.

1957 Mais dois antibióticos chegam ao mercado: a rovamicina e a aureomicina.

1959 É inaugurado o Centro de Treinamento para Operários de Indústrias Químicas.

Os fatos marcantes da Rhodia de 1960 em diante serão apresentados nos capítulos a seguir.

1960–2000

D U R A N T E

Por Dentro da Rhodia - Um Zoom no Contexto Interno

CAPÍTULO 2

Jeito Rhodia de fazer bem feito

Em um comercial de televisão exibido em meados dos anos 1960, ainda em preto e branco, o ator Walmor Chagas, vestindo um impecável terno e gravata, está sendo interrogado por outros homens, todos com a mesma vestimenta, só que mal-ajambrados. Único com falas nos cerca de 30 segundos do vídeo, ele declara:

— Eu admito. Confesso. Sim, confesso. Durante as duas primeiras horas, qualquer roupa se parece com Tergal.

A seguir, demonstrando irritação, completa:

— Depois, Tergal continua impecável: não perde os vincos nem amassa (...)

— Porém, Tergal só é Tergal com a etiqueta.

O comercial[1] termina com um *close* na etiqueta Tergal. Esses breves segundos dizem muito sobre a Rhodia. Tergal foi a marca com a qual a empresa de origem francesa comercializou a primeira fibra de poliéster produzida no Brasil[2]. Ao eliminar o ferro de passar, o tecido que não amassava inventou a moda prática, liberando o tempo das mulheres que, naqueles revolucionários anos 1960, saíam ávidas para o mercado de trabalho. O tecido sintético logo ganhou as ruas e fama de popular. Embora declare sua preferência pelas fibras naturais, que seriam mais adequadas ao clima tropical, Costanza Pascolato[3] admitiu em entrevista ao jornal *O Estado de São Paulo* ter feito uso do Tergal em sua primeira

---

1 Comercial disponível em https://www.youtube.com/watch?v=mzTeLg8yV7w

2 Os direitos exclusivos de produção da fibra foram adquiridos junto à inglesa Imperial Chemical Industries e duraram dez anos.

3 Costanza Pascolato é uma empresária e consultora de moda brasileira, nascida na Itália. Integrante da Sociedade Brasileira de Moda, é um dos nomes mais influentes e respeitados do universo da moda.

coleção para criar "uma minissaia curtíssima, toda plissada, parecia um abajur, desses ingleses do século XVIII"[1].

Publicidade do Tergal: "aguenta qualquer curso. Recreio, inclusive"

Não foi apenas no campo dos costumes que o Tergal fez história. A divisão têxtil da Rhodia era uma indústria e, como tal, iniciou sua operação no que hoje chamamos de mercado B2B: vendia seus produtos para outras indústrias. Supostamente, o consumidor final não precisava saber quem produziu a fibra que deu origem ao tecido e, depois, à roupa. No entanto, as confecções passaram a colocar a etiqueta Tergal, junto com a própria etiqueta, para que o consumidor soubesse que aquele produto era confeccionado com Tergal, o que valorizava o seu produto. Isso aconteceu porque a Rhodia investiu em marketing na televisão, em revistas e em jornais para tornar seu produto desejado pelo consumidor final. As confecções ficaram sem escolha: junto com a própria etiqueta, colocavam a do Tergal. O slogan "Senta levanta, senta levanta. Não amassa e não perde o vinco" perdurou até os anos 1970[2].

---

1 Saiba mais em https://economia.estadao.com.br/noticias/geral,rhodia-deixa-de--fabricar-o-tergal,20020418p28345

2 Em 2003, a produção de Tergal foi descontinuada. Sem o apelo das décadas anteriores, sua utilização estava restrita a uniformes.

Essa breve história sobre o Tergal (*falaremos mais sobre a importância da Rhodia na indústria têxtil brasileira na terceira parte deste livro*) soma-se a uma longa lista de inovações tecnológicas, gerenciais e de processos implantadas pela Rhodia desde sua fundação, em 1919, pelos franceses da Rhône-Poulenc (na época, ainda conhecida *Société Chimique des Usines du Rhône* (SCUR)). No entanto, nada se compara aos anos de ebulição vividos pela empresa nas décadas de 60, 70, 80 e 90. São transformações que serão detalhadas nas próximas páginas e que muito provavelmente começaram com a mudança na cultura organizacional experimentada com a chegada dos primeiros brasileiros aos cargos de liderança da empresa. Desde o começo, somente expatriados, a maioria franceses, comandavam a Rhodia e a língua oficial nos escritórios era o francês. Os brasileiros cuidavam da operação com base nas diretrizes e orientações estratégicas da matriz. Aos poucos, porém, o idioma português começou a ser ouvido nos escritórios.

No começo dos anos 1960, chegaram os primeiros engenheiros brasileiros às fábricas, mas ainda havia uma divisão clara entre os que dirigiam e os que executavam. Um ex-funcionário, ao qual chamaremos por enquanto de Edson, recém-chegado à manutenção de uma das unidades, conta uma história que pode ser lida como uma das primeiras reviravoltas nessa cultura. Certo dia, durante uma apresentação de cunho técnico, falada em francês, um brasileiro quis esclarecer uma dúvida. O executivo que estava fazendo a apresentação teria simplesmente ignorado a pergunta. Edson, durante a entrevista para este livro, contou que se sentiu indignado com a falta de respeito demonstrada contra seu colega. E não se calou: questionou o francês, seu superior direto, sobre as razões que o teriam levado a não responder. O silêncio dominou a sala. Na sequência, os brasileiros se levantaram e saíram. Edson, recrutado ao se formar no já então famoso ITA[1], foi um dos dez primeiros engenheiros locais contratados pela multinacional.

Duas décadas depois, Edson Vaz Musa viria a se tornar o primeiro brasileiro a presidir a Rhodia no Brasil[2], cargo que ocupou de 1984 a 1996. A Rhône-Poulenc não era a única multinacional com filial no Brasil. As americanas General Electric (1919) e General Motors (1925) e a alemã Volkswagen (1953), entre muitas outras, já tinham operações aqui. Como regra geral, eram comandadas por estrangeiros — até hoje,

1 O Instituto de Tecnologia Aeronáutica (ITA) foi criado pelo Decreto n.° 27.695, de 16/01/50 e funciona até hoje na cidade de São José dos Campos, interior de São Paulo.

2 Musa sucedeu a um suíço (Henri Berthier) e dois franceses (Jean Michel Romano e Jean Avril).

a GM, por exemplo, nunca teve um presidente nascido aqui —, deixando aos brasileiros as funções operacionais. Esse colonialismo recrudesceu quando os funcionários locais começaram a ascender, como aconteceu na Rhodia a partir dos anos 1960.

Com a integração, nasceu a fusão do *savoir faire*[1] francês à criatividade e à ousadia brasileiras. A mistura não poderia ter dado mais certo, pois garantiu o impulso que faltava para a consolidação de uma das mais importantes e influentes multinacionais que operaram no Brasil no século XX. "Nossos franceses gostavam da Rhodia, ficavam aqui. Temos de reconhecer que graças a eles a Rhodia tornou-se a mais brasileira das multinacionais", diz Musa.

Do lança-perfume ao tergal

É preciso dizer que, desde os anos 1950, a Rhodia já era conhecida no Brasil por sua sólida atuação nos setores farmacêutico, químico e têxtil. Em 1922, lançou o lança-perfume e, na década seguinte, o Gardenal (fenobarbital) para tratamento da epilepsia. Este último tornou-se um medicamento muito vendido na época. Nos anos 1950, a fábrica de Santo André, na região do ABC Paulista, também produzia outros medicamentos, como penicilina[2] cristalizada, então o mais eficiente antibiótico do mercado.

E o início dessa operação é um bom exemplo da excelência dos processos industriais da empresa, sempre pautados pela busca da qualidade: a produção começou em um pequeno laboratório, experimental, mas em pouco tempo expandiu-se para um local imponente com equipamentos modernos e produção acelerada. A mão de obra foi treinada para o uso adequado das novas tecnologias, principalmente quanto à higiene necessária durante os procedimentos, a fim de evitar a contaminação dos remédios.

Da mesma forma, seu estilo inovador já tinha sido demonstrado na indústria têxtil. A primeira grande inovação aconteceu em 1929 com o lançamento do acetato de celulose, uma fibra originada da madeira, até então inédita no país, também conhecida como seda artificial. Para introduzir essa fibra no mercado brasileiro, num mercado dominado pelas fibras naturais, os franceses da Rhône-Poulenc viabilizaram a ins-

1 Terminologia em francês que pode ser traduzida como a habilidade de "saber fazer" ou *know-how*, no inglês.

2 A penicilina foi descoberta acidentalmente em 1928 pelo escocês, médico e professor Alexander Fleming.

talação da Valisère[1] por aqui. Na sequência, a partir dos anos 1950, foram produzidas fibras sintéticas como o *nylon* (famoso nos anos 1960 em razão da Camisa Volta ao Mundo, aquela "que não amarrota") e o poliéster (usado para tecidos como o Tergal).

Publicidade da 'Camisa Volta ao Mundo', produzida pela Valisére com fios Rhodianyl: "não amarrota"

A estratégia para expandir a aplicação das fibras sintéticas no Brasil foi oferecer ao mercado um serviço técnico especializado para as fábricas de tecelagem e vestuário visando aprimorar a produção. Era um verdadeiro processo de excelência no pós-venda da matéria-prima, algo também pouco usual naquele momento. Até para a Argentina as equipes técnicas se deslocaram para garantir que o uso das fibras sintéticas fosse adequado.

1 Valisère ou Valisere foi criada na França em 1913. É dela uma das propagandas mais famosas da publicidade brasileira: "o primeiro a gente nunca esquece" (1987), de Washington Olivetto. Desde 1984 pertence ao grupo Rosset.

Se ninguém faz, nós fazemos

Havia um jeito peculiar com o qual a Rhodia resolvia seus dilemas de negócios — e esse jeito normalmente passava por uma solução caseira. Veja o caso da compra da Fazenda São Francisco, próxima a Campinas, em 1942. Como reflexo da Segunda Guerra Mundial, bloqueios no litoral brasileiro dificultavam a circulação de navios que transportavam álcool produzido no Nordeste para o Sudeste. A fábrica de derivados acéticos de Santo André corria o risco de parar a produção. Solução da Rhodia: produzir o próprio álcool. A primeira safra foi colhida em junho de 1944 e, logo depois, o álcool de sua própria destilaria já abastecia a fábrica nos arredores da capital paulista. Anos depois, uma parte da Fazenda São Francisco foi cedida pela Rhodia para a Prefeitura de Paulínia. No local, foi construída uma refinaria da Petrobras, que deu origem ao Polo Petroquímico de Paulínia.

Essa experiência em resolver caseiramente os problemas mostrou-se importante nas décadas de 60 e 70 quando o país viveu um longo período de economia fechada às importações. Se a matéria-prima não estava disponível, a Rhodia produzia, o que em determinado momento a tornou uma companhia verticalizada. A necessidade não era só da Rhodia, mas de todas as empresas que operavam no país naquele momento. Para viabilizar a operação, produziam desde a matéria-prima até o produto final.

Outro exemplo dessa estratégia na linha "se ninguém faz, nós fazemos" ocorreu na ampliação e manutenção das fábricas. Na década de 1950, a empresa criou uma unidade multifuncional composta por diversas áreas, como de fundição de peças metálicas ou caldeiraria, para a confecção ou fabricação de componentes para máquinas e equipamentos. Conhecida inicialmente como "Oficina Lapa", a iniciativa supria a falta de fornecedores locais e era uma alternativa mais vantajosa em custo, prazo, facilidade e customização do que se essas peças fossem importadas.

Posteriormente, o nome da unidade foi alterado para Rilcos, uma alusão a Rhodia Isabelle Lancray Cosméticos.[1] Em 1983, a Oficina Lapa foi substituída por uma moderna fábrica em Cajamar, que chegou a ter mais de 200 funcionários. Em 1986, a Rilcos foi vendida.

Outro exemplo de "deixa que eu faço" ocorreu na década de 1980, quando a Rhodia criou o Laboratório de Eletrônica Digital (LED). Na época, com a importação de computadores proibida, as empresas

1 Unidade de negócios da Rhodia para produzir a linha de cosméticos francesa Isabelle Lancray no Brasil.

precisavam se contentar com os modelos produzidos pela indústria nacional. Para a Rhodia, porém, o produto local era pouco robusto para suas necessidades. O LED ficava na unidade têxtil de Santo André e chegou a ter uma equipe de engenheiros e técnicos operando modernos sistemas de prototipagem trazidos pela Intel dos Estados Unidos. Ali, foram desenvolvidos diversos projetos sob medida para usinas do Brasil e Argentina, como é o caso do Terphane (filme para desenho) e da fibra poliéster para a Rhodia Nordeste. Em 1989, o LED passou a fazer parte do Grupo de Automação da Gerência Geral do Grupo de Engenharia (GGEG) e os engenheiros e técnicos foram realocados em outras áreas.

No começo da década de 1990, o ex-presidente Fernando Collor de Mello abriu o mercado para os produtos importados — e iniciativas como estas deixaram de fazer sentido. O relato de Oswaldino Teixeira Bueno, conhecido como Teixeirinha, Mestre Geral de Energia e Fluidos da Rhodia de 1971 a 2011, ilustra os anos de expansão econômica e economia fechada dentro da Rhodia.

> *"Nossa engenharia contava com um efetivo de cerca de 400 pessoas nas diversas especialidades com a missão de projetar, montar e instalar as plantas. Foram sucessivamente concebidas e construídas unidades fabris em Santo André, Paulínia, São José dos Campos, todas no Estado de São Paulo, Cabo de Santo Agostinho, em Pernambuco, Polo Petroquímico de Camaçari, na Bahia, entre outras localidades. A engenharia detinha as expertises de processo, instrumentação, elétrica, montagem, mecânica, tubulações e construção civil. A Rhodia vivia um ciclo de crescimento acelerado, o maior de toda sua história."*

A área de engenharia da Rhodia, sem dúvida, era uma das principais "engrenagens" que faziam as divisões da Rhodia rodarem com sucesso. O engenheiro Alcides Torres de Miranda, que entrou na empresa em 1967 e só saiu em 1998 para trabalhar por três anos na matriz francesa, relata como a área funcionava na prática:

> *"Para desenvolver projetos médios ou grandes, a engenharia da Rhodia tinha engenheiros e técnicos voltados a processos de fabricação e nas especialidades de civil, mecanica, elétrica, tubulação e automação. Os engenheiros eram também responsáveis pelo planejamento e controle de prazos e custos, montagens, compras, inspeção e partidas, além de gerenciamento e coordenação de projetos. Cada projeto tinha um gerente que coordenava de forma matricial a equipe e, em caso de projetos maiores, contratavam empresas de engenharia externas. E*

a grande competência dessa equipe era o envolvimento nos projetos desde a sua origem até a montagem, partida, operação e futura manutenção. Houve épocas em que as equipes de engenharia envolvidas da Rhodia seguramente chegaram a estar entre as maiores do Brasil no ramo químico e têxtil."

Para dar conta de tamanha expansão, a Rhodia precisou mudar sua cultura organizacional. A empresa seguia subordinada à gestão dos franceses enviados pela Rhône-Poulenc. Entretanto, as peculiaridades do Brasil passaram a exigir maior liberdade local de ação e, por que não, maior confiança dos franceses na capacidade de gestão dos brasileiros. Já nos anos 1960, a empresa havia criado seu programa de *trainees*, um dos primeiros do país, para recrutar talentos para cargos gerenciais. De acordo com César Gomes, que foi gerente de recursos humanos na Rhodia, ao ingressarem na organização, os jovens participavam de um plano de desenvolvimento especial, o que tornava o programa de *trainees* uma importante porta de entrada para os futuros executivos da empresa. No caso da Rhodia, os selecionados geralmente eram engenheiros saídos das melhores escolas do país, como ITA, Politécnica da USP e FEI (Faculdade de Engenharia Industrial, de São Bernardo do Campo). Os *trainees* eram atraídos pelo nome Rhodia e por uma cultura organizacional que, embora não fosse uma exclusividade sua na época, era famosa pelas oportunidades de crescimento e reconhecimento, em que as pessoas entravam jovens, recebiam promoções e saíam aposentadas.

A primeira mulher engenheira foi recrutada em 1971. Era Marielza Pinto de Carvalho Milani, que concorreu com cerca de 150 candidatos no programa de *trainee*. Foram selecionados 20. Ela conta que foi submetida a diversos testes, além de entrevistas com seis gerentes de fábricas. E lembra até hoje uma das perguntas que lhe fizeram durante o processo seletivo:

"Perguntaram-me se largaria o emprego quando casasse. Respondi brava: o senhor acha que eu perdi os melhores anos da minha vida estudando engenharia para depois deixar de trabalhar? Impossível."

Embora a empresa já contasse com outras mulheres, como a advogada Leila Zunder, que exercia o cargo de gerente de recursos humanos, Marielza enfrentou alguns percalços. Um deles foram as escadas. Como tinham degraus de metal perfurado, ela decidiu abolir as saias do vestuário de trabalho.

Essa empresa é uma mãe

A possibilidade de construir carreira até a aposentadoria era real e acessível a todos os funcionários. Musa e Teixeirinha, citados acima, são exemplos, mas basta reunir um grupo de ex-funcionários Rhodia para que as histórias sejam repetidas à exaustão. Todos atestam que trabalhar ali era o sonho de muitos profissionais brasileiros — e os motivos são muitos. Para começar, havia a real oportunidade de serem enviados para fora do país, como expatriados em outras unidades do grupo francês. Os exemplos são inúmeros. José Américo Luvizotto, engenheiro mecânico, trabalhou em fábricas na Suíça, Eslováquia e Letônia. Rui Chammas, engenheiro aeronáutico, passou dois meses na Argentina fazendo pesquisas de mercado sobre o setor de plásticos de engenharia. O engenheiro químico Lairton Leonardi trabalhou na cidade francesa de Grenoble. O engenheiro químico André Luís Rodrigues foi expatriado para Freiburg, na Alemanha, em 2000, tendo sido o primeiro não europeu a ocupar o cargo de diretor financeiro da Rhodia Acetow GmbH que, além da Alemanha, controlava as operações em outros cinco países, incluindo o Brasil. Assim como eles, dezenas de brasileiros foram enviados para estágio e cursos ou para as plantas da empresa mundo afora.

O conhecimento adquirido nas expatriações era trazido e adaptado à realidade das fábricas brasileiras. Annibal Antunes foi um dos expatriados da Rhodia em meados de 1968. Foi para Lyon fazer um estágio de cerca de três meses, acompanhado de sua esposa grávida de quatro meses. Ele nunca tinha saído do Brasil e comenta que foi uma bela experiência, inclusive por ter tido a oportunidade de voltar de navio. No retorno à Rhodia, foi promovido ao cargo de chefe de fábrica de produção de *nylon*.

O engenheiro aeronáutico José Borges Matias, que ocupou diversas posições nas áreas de produção e administração de investimentos na Rhodia e encerrou a carreira como presidente da Solvay América Latina, também foi expatriado, porém, em 1987. Ele passou cinco anos na cidade francesa de Arras, junto da esposa e sua primeira filha — hoje ele tem duas. Ele conta que seu papel era contribuir para aumentar a produtividade da fábrica de lá. A indústria têxtil francesa vivia um momento desafiador, pois os produtos baratos asiáticos estavam começando a dominar o mercado europeu. Além das expatriações com foco em desenvolvimento técnico, diversos brasileiros foram enviados ao exterior para ocupar cargos de comando em outros países, graças às suas competências gerenciais.

Os benefícios oferecidos pela Rhodia também chamavam a atenção. Baseado no conceito de que funcionários felizes sempre rendem mais e melhor, a Rhodia não poupava esforços nesse terreno. Durante muito tempo, os funcionários podiam alugar por valores baixos imóveis da empresa localizados nas proximidades da fábrica de Santo André. Entregadores da empresa abasteciam as casas com água mineral e hortaliças. A tradição se originava dos tempos passados, quando a cidade vivia outra realidade, em que o abastecimento era irregular e os deslocamentos mais complexos.

Com o passar dos anos e o desenvolvimento do município, o benefício deixou de ser necessário, dando lugar a outros, como assistência para serviços de manutenção e reparos elétricos. As famílias também tinham acesso a atendimento médico nos ambulatórios instalados dentro das fábricas. O engenheiro João Paulo Somers[1] morou num desses imóveis alugados e lembra que, quando sua esposa tinha algum problema em casa, bastava pegar o telefone e ligar para a Rhodia. O conserto era feito imediatamente, sem custos. A Rhodia fazia de tudo para que seus profissionais não tirassem o foco da produção com excelência.

Isso, claro, era retribuído com lealdade e dedicação. Todos vestiam a camisa da empresa. O engenheiro Annibal Antunes, que trabalhou por muitos anos na Divisão Têxtil e na Engenharia, coordenou no início dos anos 1980 a implantação da unidade de Camaçari, na Bahia. Bem antes disso, ainda nos anos 1960, adiou uma viagem de férias para auxiliar no reparo aos danos sofridos pela fábrica de Santo André durante uma das cheias do rio Tamanduateí. Da janela de casa, ele viu a fábrica alagada — e o plano das férias ficou para depois.

A inserção dos brasileiros na gestão da empresa caminhava, mas a passos lentos. A cultura organizacional ainda se debatia para vencer normas do passado. Somers, que entrou na empresa em 1957, embora falasse francês por ser filho de belgas, foi registrado inicialmente como técnico porque a função de engenheiro só podia ser preenchida por franceses. Até o começo dos anos 1960, por exemplo, os cerca de 80 engenheiros que lideravam as indústrias eram profissionais enviados pela matriz.

Os engenheiros, aliás, sempre formaram uma categoria à parte dentro da empresa, como relata Teixeirinha:

---

1 João Paulo Somers é engenheiro civil, formado pela Escola Politécnica UFRJ. Trabalhou na Rhodia de 1957 a 1977 na área têxtil e, na sequência, atuou na área química — até se aposentar em 1990.

"As pessoas eram chamadas de engenheiro Musa, engenheiro Serafini e assim por diante. Ai da secretária ou subordinado que não falasse 'engenheiro' como primeiro nome dos executivos. Isso era muito comum na época. Todas as empresas eram assim, porém, dentro da Rhodia era algo que ganhava mais peso, tinha mais impacto."

Os engenheiros detinham e eram os donos do conhecimento. Nos anos 1970 a economia brasileira vivia o Milagre Econômico e, por causa dele, as fábricas operavam 24 horas por dia, sete dias por semana. Os engenheiros, no entanto, faziam apenas o turno do dia, de segunda a sexta. Nos finais de semana, havia uma escala de plantão para atender qualquer eventualidade. Somers era um deles e lembra que foi acordado inúmeras vezes de madrugada porque alguma falha técnica havia acontecido e era necessário tomar providências. Como ninguém sabia quando e onde surgiriam os problemas, dependendo do caso, a fábrica parava à espera do engenheiro.

Foi preciso um choque para que essa situação mudasse — e graças a ele, a Rhodia foi uma das primeiras empresas do país a compartilhar conhecimento com o chão de fábrica, algo que só seria visto com regularidade duas décadas depois. Aconteceu no começo dos anos 1970, quando uma equipe operacional inteira trocou a Rhodia por outra empresa, atraídos por benefícios que o mundo fabril têxtil não oferecia. Não havia substitutos com conhecimento suficiente para tocar a unidade. A solução aplicada foi que, dali em diante, qualquer um que detivesse conhecimento técnico se tornaria instrutor dos demais. A ideia era formar e capacitar todo o efetivo técnico.

Grandes mudanças foram vistas na unidade de Santo André, que logo se espalharam para as demais fábricas. A transferência do conhecimento passou a ser um valor reconhecido pela empresa; a competência (o *know-how* ou *savoir-faire*) passou a ser coletiva. Foi plantada ali a semente do que no futuro seria chamado trabalho participativo. Teixeirinha viveu aquele momento, que ele descreve como "uma força motivadora avassaladora", e lembra que, entre outras coisas, foi adotado o conceito da operação com base em descritivos e procedimentos operacionais formais.

Os documentos davam transparência e padronizavam as ações. Buscava-se qualidade e *performance*. Um jornal técnico foi criado para espalhar os aprendizados. Notícia de 1974 fala do curso de Aperfeiçoamento Técnico de Energia e Fluidos, promovido pelo Serviço de Energia e Fluidos, realizado pelo engenheiro polonês Ryszard Majewsky, que foi chefe do serviço de utilizades da Usina Textil de Santo André. Cerca de 22 funcionários, durante dois meses, aprenderam desde matemática, física e química até conceitos de termodinâmica, turbinas a vapor e máquinas frigoríficas.

As mudanças iniciadas na fábrica de Santo André resultaram na drástica redução dos erros humanos, impactando positivamente a segurança, a qualidade, a produção e a produtividade. Os multiplicadores de conhecimento tornaram-se valorizados em toda a empresa e a unidade virou *benchmark* dentro e fora da multinacional.

O orgulho de Santo André

"A marca Rhodia é uma das mais importantes do Brasil quando o assunto é indústria têxtil. É proprietária de várias patentes e um orgulho para Santo André. Está ligada à história da cidade e muitas gerações de famílias da região foram seus trabalhadores." - ***Website da Prefeitura de Santo André***

A inovação leva à excelência

A história mostra que a disseminação de conhecimento iniciada ali era um caminho sem volta — e que traria outras consequências positivas para a Rhodia e sua equipe. Uma delas foi o fortalecimento da área de recursos humanos, que passou a exercer um papel decisivo na estrutura organizacional da Rhodia. Consultores internos de RH apoiavam os gestores nos processos de recrutamento, seleção, treinamento e promoção. Eles eram subordinados ao líder de cada divisão e atuavam sob coordenação da área corporativa de recursos humanos e, ao mesmo tempo, iam ao mercado buscar as melhores práticas. No campo das carreiras, o modelo tradicional[1] ainda imperava no Brasil — e na Rhodia. Nos Estados Unidos, porém, pesquisadores começaram a propagar nos anos 1970 que essa forma de gestão das carreiras estava em transformação. Em vez de entregar o controle de sua trajetória profissional para a empresa, as pessoas estavam em busca de mais autonomia para decidir seu destino.

1 O modelo tradicional de carreira é definido como aquele em que a empresa administra a carreira do funcionário.

Esse desejo por mais liberdade para tocar a própria vida — que só apareceria nos anos 1990 na maioria das empresas[1] — começou a ser feito pelos profissionais da Rhodia ainda nos anos 1970 — e incentivados pelos chefes. Terminologias como autogestão e trilha profissional já apareceram ali, como conta Nelson Savioli, que foi gerente geral de RH da Rhodia de 1986 a 1991, em livro de sua autoria lançado em 1991, uma das primeiras publicações em português a tratar do assunto[2]. Savioli dizia que os profissionais precisavam encarar a carreira como uma relação de parceria com a empresa. Isso era algo muito inovador no tempo que muitas empresas ainda seguiam o mantra "manda quem pode, obedece quem tem juízo".

Outra novidade — trazida pelo *benchmark* dos consultores internos — foi abrir a possibilidade de os engenheiros seguirem carreira sem necessariamente assumir cargos de gestão. Por muito tempo — e essa foi uma prática que perduraria ainda muitos anos nas empresas brasileiras — supunha-se que um bom técnico seria um bom líder. Porém, como sabemos hoje, na realidade não é assim que funciona. A possibilidade de fazer uma carreira em Y, com uma perna técnica levando a cargos cada vez mais especializados e uma perna gerencial levando a cargos executivos, virou uma opção oficial na Rhodia a partir dos anos 1990. Na prática, porém, já vinha ocorrendo desde os tempos da Rhodia Nordeste, no final dos anos 1960, em que muitos engenheiros seguiram carreira exclusivamente técnica. Dessa forma, a evolução na carreira — e, portanto, promoções e aumentos salariais — podia acontecer tanto de um lado quanto de outro. Iaci Rios, especialista em Recursos Humanos, que trabalhou na Rhodia de 1970 a 1998, explica assim o que aconteceu:

> *"A área de pesquisa e desenvolvimento da Rhodia era muito forte. Com a possibilidade de seguir carreira Y, pudemos motivar e reter os talentos que tinham alto nível de especialização. Nessa área, tínhamos aproximadamente 150 engenheiros de altíssimo nível e vivíamos um momento no qual a química estava em grande expansão no mundo."*

Essa postura da empresa em relação a seus profissionais foi especialmente importante nos anos 1970, quando havia falta de mão de obra em todo o país. Quando implantou suas duas fábricas no Polo Petroquímico

---

1 A revista *VOCÊ S/A*, bíblia desse movimento, só seria lançada pelo grupo Abril em 1998.

2 Livro *Carreira: Manual do Proprietário*, de Nelson Savioli, Qualitymark Editora.

de Camaçari, na Bahia[1], um dos grandes desafios foi preencher as vagas. No início da operação, alguns profissionais foram enviados das unidades de Paulínia e São José dos Campos (SP), mas era preciso recrutar localmente. Annibal Antunes, o engenheiro responsável pela construção da fábrica, foi pessoalmente até a Universidade Federal da Bahia para recrutar estudantes do último ano de engenharia. As unidades tornaram-se referência em qualidade e excelência, o que aumentou a credibilidade dos brasileiros junto à matriz — e isso abriu caminho para uma transformação ainda maior nos anos 1980, que seria encabeçada pelos engenheiros brasileiros, como veremos no próximo capítulo.[2]

A Rhodia na Amazônia

Um fato curioso marca a história da Rhodia no fim dos anos 1970: um inédito investimento no setor de mineração. A empresa obteve a concessão de uma área de 15 mil hectares para extrair *cassiterita*, principal minério de estanho, na Mina de São Pedro do Iriri, no Pará. As pesquisas começaram em *1976* e a lavra, *em 1983*. Com o crescimento do negócio, a empresa Mineração Canopus chegou a criar uma vila operária, com toda a infraestrutura necessária para acolher as 60 famílias dos quase 300 profissionais que compunham a equipe.

Para substituir o barco no escoamento da produção, a Canopus iniciou a abertura de uma estrada, com extensão de 180 quilômetros em direção a Altamira, no Pará. A Rhodia tinha planos de fincar raízes em mineração, como lembra o engenheiro Nelson Tadeu Pasotti Pereira, que entrou na Rhodia nos anos 1970 como estagiário aos 23 anos e trabalhou no projeto:

> *"A Rhodia pretendia desenvolver uma equipe com conhecimento para explorar no futuro terras-raras[2] no Brasil. Porém, o projeto não foi para frente. Entre outros fatores, foi descoberta outra grande jazida de cassiterita no país que passou a ser operada por garimpo. Isso posicionou o preço do minério a valores muito baixos e tornou inviável a exploração via mineração por aluvião realizada pela Canopus."*

1 As fábricas de adiponitrila e de metionina foram implantadas do zero pelos engenheiros brasileiros.

2 De acordo com a classificação da IUPAC - União Internacional de Química Pura e Aplicada, terras-raras são um grupo relativamente abundante de 17 elementos químicos, dos quais 15 pertencem à tabela periódica.

Segundo documentos oficiais, a atividade de lavra continuou ininterrupta até 1990, com uma produção acumulada de 8.214 toneladas destinadas, na sua maior parte, à exportação. Cálculos da época estimam que um valor superior a US$ 70 milhões (sem correção) entrou no país na forma de divisas. Assim, a Rhodia conseguia equilibrar sua balança entre importações de matérias-primas e exportações. Em 1990, a Rhodia vendeu a Mineração Canopus.

Tecnologia da Informação inovadora

**Por Fernando Birman*

A tecnologia da informação sempre foi um eixo de investimento importante para que o grupo pudesse crescer e acompanhar as demandas do mercado. Mesmo quando o computador era um equipamento exclusivo e quase inacessível, a Rhodia fazia parte do seleto clube dos detentores de sistemas IBM/370, o mais famoso dos *mainframes*, aqueles mastodontes digitais que exigiam uma infraestrutura igualmente gigantesca.

Poucas empresas instaladas no Brasil tinham um conjunto de sistemas tão completo. Como se não bastasse, muitos deles eram duplicados, uns mais apropriados à indústria química e outros à indústria têxtil. Centenas de analistas de sistemas e programadores transformavam os códigos da linguagem COBOL num grande alicerce para as operações da Rhodia. Foram décadas douradas, quando o grupo conquistou a condição de referência na informática nacional.

A partir de meados da década de 1980, a tecnologia da informação mudou. Os caríssimos microcomputadores, ainda protegidos pela reserva de mercado, ganharam espaço. Os arcaicos VisiCalc e Lotus 1-2-3 espalharam-se como um vírus, conquistando os executivos da empresa. A liberdade para calcular, simular e visualizar os números extraídos do *mainframe* era indescritível. Com o tempo, virou equipamento padrão de quase todos os empregados.

Ainda na mesma década, a Rhodia concebeu um plano audacioso de saída do *mainframe* para uma nova arquitetura baseada em minicomputadores (VAX). A revolução da infraestrutura começou impactando o grupo pela automação de escritórios, por meio de uma solução pioneira, que mudaria nossas vidas para sempre: o *All-in-One* fazia a função de correio eletrônico, agenda, gerenciador de tarefas e outros. O primeiro sistema de e-mail a gente nunca esquece. Dois sistemas foram refeitos para a nova plataforma: os sistemas de compras e de manutenção. Mais uma vez, a excelência da Rhodia fez de ambas as soluções referências nacionais, atraindo um sem número de interessados em conhecê-las.

Nos anos 1990, pressionadas pelo "*bug* do milênio", grandes empresas como a Rhodia começaram a questionar a viabilidade de manter sistemas próprios. As soluções empacotadas, que eram nicho, viraram regra. Na indústria de processos, pacote era sinônimo de SAP.

A Rhodia não foi apenas um dos primeiros clientes da SAP no Brasil como teve uma contribuição fundamental na organização da ASUG, a Associação de Usuários SAP do Brasil. Fundada em 1997, hoje tem mais de 400 associados.

A era SAP está associada a outras transformações na Rhodia. Se, no século XX, os sistemas feitos em casa eram a mostra da excelência do grupo, no século XXI, com a adoção dos pacotes, a excelência é representada pelos seus próprios quadros. Ou seja, na medida em que o grupo usa o mesmo sistema no mundo inteiro, perde-se o espaço para desenvolvimentos locais, ganha-se espaço para que os talentos brasileiros mostrem seu trabalho lá fora.

Na primeira década deste século, o Brasil tornou-se um centro de competência mundial em assuntos ligados às soluções da SAP e outras. Passamos a exportar talentos locais.

A bem-sucedida história da TI da Rhodia teve ao longo do tempo outro eixo de liderança e pioneirismo no suporte à engenharia e à pesquisa. Se o nome "gêmeo digital" foi consagrado recentemente, as suas raízes vêm sendo praticadas nos laboratórios da Rhodia há décadas. Da adoção inovadora do CAD até as primeiras experiências com Inteligência Artificial, ainda na década de 1980, o grupo manteve-se na vanguarda tecnológica.

* *Fernando Birman é engenheiro de Produção, fez uma carreira na Rhodia por 34 anos, onde exerceu a posição de CIO América Latina, além de liderar mundialmente várias funções ligadas a TI; em 2014, criou o "Digital Office" do grupo, em Bruxelas, com o objetivo de acelerar a sua transformação digital.*

CAPÍTULO 3

Em busca da excelência

No final de 1985, um grupo de executivos[1] da Rhodia recebeu a incumbência de pensar em uma "maneira criativa de melhorar a produtividade" da empresa. A missão foi dada pelo então presidente, Edson Vaz Musa, que havia feito uma "leitura" do contexto do país e estava preocupado com o futuro da organização que liderava: a redemocratização política, ele pensou, vai necessariamente nos levar à abertura da economia e, quando isso acontecer, quem não estiver pronto para competir globalmente vai morrer. Isso significava preparar a Rhodia para produzir mais com menos, melhorar a qualidade, o atendimento ao cliente etc. Além disso, tinha feito uma constatação sobre movimentos recentes da Rhodia: para melhorar os resultados, por duas vezes, no começo dos anos 1980, a empresa havia ordenado cortes de 10% na folha de pagamento. Realizados sem planejamento, pouco tempo depois, o número voltava ao que era antes, sem incremento na produtividade. Musa assumira a empresa em 1984 disposto a não repetir esse erro.

Reunido em março de 1986, o grupo decidiu criar um plano customizado para a Rhodia, que incorporaria o estado da arte em conhecimentos e técnicas para criar um ambiente organizacional propício a melhorias na gestão — e, muito importante, essas melhorias deveriam ser mensuráveis. Como missionários, os engenheiros André Alckmin e Paulo Berringer[2] foram enviados para diversas partes do mundo em busca de inspiração teórica e prática para levar a Rhodia a padrões de

1 O pedido foi feito à sua assessoria APCI- Assessoria de Processos e Coordenação Industrial, em novembro de 1985.

2 Engenheiro formado no MIT, dos EUA. Entrou na Rhodia em 1956 e construiu carreira na Divisão Têxtil. Em 1976, assumiu a Gerência Geral de Engenharia. Em 1985, passou a integrar a área de coordenação do PRHOEX, onde trabalhou até se aposentar, no início dos anos 1990. Faleceu em 2019.

excelência em produtividade e qualidade. A primeira parada foi nos Estados Unidos, onde participaram de encontros, congressos e conheceram em momentos diferentes cinco figuras que seriam fundamentais para o sucesso do PRHOEX: Scott Sink[1], Heero Hacquebord[2], Peter Scholtes[3], William Scherkenbach[4] e William Edwards Deming[5].

Eles se tornaram inspiração e, em alguns momentos, também consultores do PRHOEX. A especialização de Sink encaixava-se perfeitamente na necessidade inicial do PRHOEX: "doutrinar" os diretores da Rhodia sobre a importância da produtividade. Em dezembro de 1986, Musa informou aos seus diretores e gerentes gerais a contratação de Sink e outros dois especialistas americanos para comandar a Sessão de Planejamento Estratégico para a implantação do Processo Rhodia de Busca da *Performance* de Excelência, marcada para março do ano seguinte. Na carta, Musa esclareceu:

> *"A sessão será feita na forma de retiro, em local ainda não definido, nos dias 19 e 20 de março próximo.*
> *Para que haja uma participação coerente com os princípios estabelecidos no Processo Rhodia, programei reuniões preparatórias nos dias 10 e 12 de março próximo, a partir das 15 horas, na sala de reuniões da Presidência.*
> *Para essas reuniões, solicito a cada um que leia o livro[6] que lhes estou encaminhando e que faça sobre ele um resumo de, pelo menos, duas páginas. Nesses dias 10 e 12, cada um fará, sobre o livro que leu, uma apresentação de cerca de 14 minutos, seguida de uma troca de ideias, também por cerca de 15 minutos. Com 14 participantes, haverá cerca de três horas e meia de reunião em cada dia."*

---

1 PhD em medição de produtividade de executivos. À época liderava o Virginia Quality and Productivity Center na Universidade Virginia Tech.

2 Matemático sul-africano especializado em finanças e sistemas corporativos. Atua desde 1989 como consultor de produtividade para grandes empresas. Foi um dos assistentes de William Edwards Deming.

3 Consultor e autor do livro *Manual do Líder*, com foco em trabalho em equipe.

4 Consultor americano, referência para o tema qualidade e implementação, autor do livro *The Deming Route To Quality And Productivity: Road Maps And Roadblocks*, publicado em 1986.

5 Estatístico, professor universitário, autor, palestrante e consultor americano. Ficou conhecido pelo pioneirismo nos estudos sobre qualidade realizados no Japão e nos Estados Unidos.

6 Para esses encontros, livros diferentes eram designados para os participantes das reuniões. O objetivo era que todos pudessem trocar o máximo de informações possíveis após as leituras.

O encontro de março, com a mediação de Sink, definiu metas e respectivas ações para elevar a competitividade da Rhodia. Entre outras coisas, estabelecia objetivos mensuráveis como a redução no custo da não qualidade em 10% ao ano, aumentar o lucro em 20% em cinco anos e a produtividade da mão de obra em 5% ao ano. Por outro lado, havia metas subjetivas, como a de aumentar a participação de todos os empregados, de todos os níveis, na tomada de decisão. Esse tipo de encontro, a leitura de livros e posterior discussão em grupo, e a constante busca de conhecimento, seriam marcas registradas do PRHOEX.

Para que as metas saíssem do papel, foi criado ali o primeiro Grupo de Ação para a *Performance* (GAP), que seria responsável por criar os Times de Ação para a *Performance* (TAP). Os primeiros tinham um papel mais de pesquisa e controle. Os últimos, quase como subdivisões do primeiro, eram responsáveis por abordar problemas específicos e apresentar soluções. Um dos TAPs de 1987, por exemplo, tinha o objetivo de identificar e listar "os nossos procedimentos e comportamentos elitistas, autoritários e centralizadores, para permitir a elaboração de proposta concreta de modificação".

Na unidade de Santo André, havia um restaurante exclusivo para o Pessoal de Nível Executivo, conhecidos como PNEs, sigla dada aos cargos que eram preenchidos apenas por profissionais com superior completo. A segregação foi levantada pelo TAP, que levou a questão para ser decidida pelos empregados. Numa espécie de plebiscito interno, optou-se por manter apenas um restaurante de grande porte, para todos os funcionários, e um refeitório menor, mais aconchegante, para receber visitantes — este, contudo, também poderia ser utilizado a qualquer momento pelos colaboradores, caso quisessem. Outras regalias, como a utilização de carros da empresa, também passaram a ser analisadas com lupa.

Reprodução de ata de reunião de um GAP em outubro de 1988

Cada um dos participantes leu um capítulo do livro Saindo da Crise, de W.E. Deming, sob coordenação de Alckmin e Nil

Constituição e elaboração do Planejamento Estratégico para a Melhoria da *Performance* do grupo GAP TEC (Líder: José Ricardo da Silveira).

Metas

1. Termos melhor *performance* e mais programas integrados escola/empresa para desenvolvimento de nossos profissionais e novas tecnologias; ter todos os colaboradores da área técnica formados adequadamente; ter participação ativa dos membros da equipe em congressos, seminários e em revistas especializadas.
2. Ter área técnica atrativa para que, no mínimo, 70% dos engenheiros e 70% dos técnicos permaneçam mais de cinco anos na função, constituindo-se *Noyau Dur*[1] das especialidades. Sermos reconhecidos pelos nossos clientes como um grupo competente que atende plenamente às necessidades (custos, prazos, qualidade etc.) atuais e futuras dos clientes.
3. Ter pilotos e aparelhos de medição adequados às nossas necessidades; ter atualizada a parte do sistema de garantia de qualidade de responsabilidade da área técnica.
4. Estarmos atualizados com a evolução tecnológica dos processos de fabricação da Direção Fibras.
5. Ter nossos produtos e processos suficientemente desenvolvidos para que possamos competir no mercado interno e externo internacional. Ter uma metodologia para aquisição e transferência de *know-how* de produtos e processos têxteis fora do grupo RP; ter um sistema eficiente para conhecer o que fazem os nossos concorrentes; ter depositado, no mínimo, dez patentes nos próximos cinco anos.

Ações

TAP 1

Implantar cronograma de treinamento e formação técnica e desenvolvimento de pessoal, conforme "Bíblias": utilizar melhor os especialistas internos e externos; enfatizar o trabalho em grupo; incluir metodologia de pesquisa experimental; favorecer reciclagem (*job rotation*); estágios e visitas.
Coordenador: Michel
Membros: Mantovanini, Andreghetto, Abelardo

TAP 2

Levantar os fatores de desmotivação do pessoal e propor melhorias para tornar a área técnica mais atrativa, desenvolvendo clima de harmonia e cooperação entre as suas áreas.
Coordenador: Edson
Membros: Paulo, Roberto, Florêncio

TAP 3
Estabelecer critérios e medir *performance* da Área Técnica: estabelecer FASC ou outra; estabelecer avaliação de cada trabalho; auditoria de processo (interno).
Coordenador: Mauricy
Membros: Celso, Vladimir, José Ricardo

TAP 4
Atualizar e complementar, se necessário, o sistema de garantia de qualidade sob responsabilidade da área técnica.
Coordenador: Trevisan
Membros: Refinetti, Daniel

Conhecimento quebrando hierarquias

Peter Senge[1], idealizador do conceito das organizações que aprendem, só chegou ao PRHOEX em 1992, quando já tinha lançado seu mais famoso livro — *A Quinta Disciplina* é de 1990. Senge é um pesquisador renomado no *Massachusetts Institute of Technology* (MIT) e defende que a aprendizagem é essencial para o desenvolvimento de uma organização e que o conhecimento deve ser disseminado entre todos os empregados, mesmo aqueles que executam as funções que não exigem formação acadêmica. O PRHOEX abraçou o conceito de Senge — afinal, as sementes do conhecimento compartilhado já haviam sido plantadas décadas antes nas fábricas e nas discussões iniciais do PRHOEX. Aquele primeiro pedido de Musa para que os executivos lessem um livro e se preparassem para apresentar aos colegas, virou rotina. Os encontros começavam com a discussão sobre livros que tratavam de gerenciamento, produtividade e qualidade.

Existia no grupo inicial formado dentro da coordenação do PRHOEX um sentimento, quase uma missão, de que estava produzindo o conhecimento que mudaria a Rhodia. Para isso, aos poucos foi sendo criada uma biblioteca diversificada, fisicamente localizada na sede da empresa, no Centro Empresarial de São Paulo. Com o tempo, essa cultura da leitura foi se disseminando até o chão de fábrica. No início dos anos

1 PhD em gestão e autor de *A Quinta Disciplina*, seu livro mais famoso, no qual enumera as cinco disciplinas da organização que aprende: domínio pessoal, modelos mentais, visão compartilhada, aprendizagem em equipe e pensamento sistêmico.

1990, o presidente da Rhône-Poulenc americana, Peter Neff, ficou surpreso ao visitar a planta de Paulínia e conhecer uma minibiblioteca montada na fábrica de fenol. O acervo estava à disposição de todos os colaboradores. Mathias de Abreu Lima Filho foi membro da equipe de coordenação do PRHOEX, até 1999. Ele lembra que na fábrica da divisão química, em Santo André, muitos trabalhadores não eram alfabetizados. Para reverter isso, a Rhodia contratou especialistas da PUC ligados ao educador Paulo Freire. O hoje famoso filósofo Mario Sergio Cortella estava na equipe.

Primeiro encontro sobre o Processo Rhodia de Excelência em março de 1988, em Atibaia/SP: lançamento oficial com a presença de 97 executivos

Havia sede de conhecimento também nos níveis executivos. Ora organizados em Grupos de Ação para a *Performance* (GAP), ora em Times de Ação para a *Performance* (TAP), eles saíam em busca de teorias para abordar um problema e propor soluções. Os resultados desses estudos eram apresentados e discutidos em encontros periódicos. Um dos mais famosos, lembrado até hoje, aconteceu em Atibaia, interior de São Paulo, em 1988. Cerca de 80 gerentes reuniram-se para o lançamento oficial do PRHOEX. Até então, como lembra Vilien Soares,[1] engenheiro que integrou a equipe da Coordenação do PRHOEX e foi o coordenador da

1 Vilien Soares é engenheiro formado pela FEI. Entrou na Rhodia em 1970 como Chefe do Serviço de Qualidade Acetato; desempenhou funções técnicas na Divisão Textil e foi da equipe coordenadora do PRHOEX. Aposentou-se em 2004 como gerente de recursos Humanos da Usina Textil de Santo André.

implantação da ISO-9000 na Rhodia, o processo ainda era restrito aos executivos. Não chegava à operação. A partir de Atibaia, houve uma pressão, direta ou indireta, por parte da diretoria para que as áreas adotassem os princípios do PRHOEX. E somente nos primeiros anos da década de 1990, a situação começou a mudar e o processo passou a ser disseminado até os operários.

O PRHOEX foi sacramentado em Atibaia, mas sua aplicação em toda a companhia não seria assim tão imediata. Uma das maiores dificuldades era obter a adesão dos gestores das fábricas que resistiam a uma gestão com menos níveis hierárquicos, mais indicadores de qualidade e operários com voz ativa. A cultura organizacional, em muitas unidades, ainda era a do respeito à hierarquia — privilégios que muitos chefes não queriam perder, já que o PRHOEX propunha um modelo de gestão em que teriam de compartilhar conhecimento e decisão. Denise Cardoso Pereira, que trabalhou na Rhodia de 1986 a 2005, escreveu em sua dissertação de mestrado[1] que os gerentes acostumados a um modo tradicional de gestão tremiam diante dos fundamentos do PRHOEX:

- A **visão compartilhada** permitia aos empregados, por meio de palestras e seminários, terem acesso aos objetivos da empresa e ao posicionamento de mercado.
- Analisar o cenário mundial e as possibilidades de crescimento da Rhodia era importante para formar uma **visão de mundo**.
- Compartilhar os **valores** da empresa e ouvir as **crenças** da força de trabalho era uma troca necessária para alinhar as expectativas de ambos os lados, mesmo que a consequência disso fosse o diagnóstico de que seria necessário demitir determinado empregado.
- Formação humana para poder avaliar os **aspectos psicológicos** e respeitar as características de cada integrante da equipe.
- Atualização constante para sempre buscar novos **métodos**, **ferramentas** e **processos** que poderiam auxiliar a companhia a evoluir.
- Deixar claro o ciclo que existe entre **fornecedor e cliente**, destacando a importância de um **processo** de excelência e de dar valor ao **feedback** de quem compra.

---

1 Artigo acadêmico intitulado *PRHOEX: Processo Rhodia de Excelência*, de autoria da pesquisadora Denise Cardoso Pereira, com orientação de Arnold Hoyos, na Pontifícia Universidade Católica de São Paulo, em 1993.

Os 14 princípios de Deming

Em 1982, Deming lançou o livro Out of the Crisis (publicado no Brasil com o nome de Saia da Crise). Nele, estavam descritos os 14 pontos que o autor considerava cruciais para transformar a indústria americana. Eles foram baseados na experiência de Deming no Japão.

O engenheiro Getúlio Apolinário Ferreira[1] descreveu assim, em artigo publicado no jornal Folha de Vitória em 2015[2], os princípios de Deming:

***1. Constância dos objetivos/propósitos:** comprometimento da alta administração para criar uma intenção de melhoria contínua.*
***2. Adote uma nova filosofia:** alterar o estilo gerencial. O conceito de "chefe" é substituído pelo de "líder" para obter maior produtividade.*
***3. Cesse a dependência da inspeção em massa:** inspeções custam caro. Por isso, é preciso aumentar a qualidade dos produtos, o que diminui a necessidade de inspecionar todo o processo produtivo.*
***4. Contratos com o melhor licitante:** escolher fornecedores que possuam produtos ou serviços confiáveis pode significar um custo inicial maior, entretanto, o custo poderá ser menor ao final do processo produtivo.*
***5. Melhore constantemente cada processo:** envolver pessoas, definir indicadores e incentivar a inovação são exemplos de ações que podem evitar que a equipe se acomode com os resultados obtidos.*
***6. Treinamento institucional no trabalho:** investir no aprimoramento constante das habilidades da força de trabalho para que estejam sempre atualizados com relação às principais novidades do mercado.*
***7. Liderança institucional e métodos modernos de supervisão e liderança:** a supervisão gerencial deve auxiliar as pessoas a melhorar os processos.*
***8. Livre-se do medo:** os empregados devem se sentir confortáveis para propor melhorias e apontar erros.*
***9. Quebrando as barreiras:** as equipes devem trabalhar de forma integrada, com objetivos e metas alinhadas.*
***10. Elimine slogans e exortações:** se não houver investimentos em qualidade, evite slogans que pressionem os funcionários a não errar.*

1 Presidente do Centro Brasileiro de Inovação e Cooperação Tecnológica (CEBICT) e membro da Academia Brasileira da Qualidade (ABQ).
2 https://www.folhavitoria.com.br/economia/blogs/gestaoeresultados/2015/12/10/como-sair-da-crise-as-velhas-e-boas-dicas-do-dr-deming/

***11. Elimine metas numéricas arbitrárias sem evidências da qualidade**: números que indicam eficiência são aqueles atrelados à qualidade.*
***12. Incentive o orgulho do trabalho próprio:** os empregados devem se sentir motivados e orgulhosos dos resultados que alcançam.*
***13. Incentive a educação e o treinamento no local de trabalho:** é preciso implantar dentro da empresa um processo de aprendizagem contínuo, onde todos possam se aperfeiçoar constantemente.*
***14. Todos trabalhando:** mobilizar todos na companhia para trabalhar em prol da melhoria sistêmica da qualidade, com foco na produtividade.*

Aos poucos, as resistências foram sendo quebradas e os ensinamentos do PRHOEX passaram a ser colocados em prática. O administrador de empresas Ademir Medina, que atuou na área comercial da Divisão Têxtil de 1976 a 1993, conta que o PRHOEX promoveu uma mudança cultural gigantesca: a metodologia *Customer Window* ali implantada defendia que o foco da empresa deveria ser a satisfação do cliente, não as vontades dos executivos da Rhodia. Para se ter noção do que isso representava, basta levar em conta que o gerente-geral da fábrica de Santo André era chamado internamente pela alcunha de prefeito.

Vimos acima que o PRHOEX buscou embasamento teórico sobre produtividade com o guru Scott Sink e sobre organizações que aprendem com Peter Senge. O terceiro elemento da transformação almejada por Musa passava pelos processos industriais. E ninguém falava com mais propriedade sobre o tema naqueles momentos embrionários do PRHOEX do que William Edwards Deming. Alckmin, o teórico do PRHOEX, foi encontrar o estatístico, professor e consultor num seminário nos Estados Unidos. Deming era conhecido pelo seu trabalho na recuperação de empresas japoneses após a Segunda Guerra Mundial e também nas empresas americanas. A Rhodia decidiu contratar sua consultoria, traduzir seus livros para o português e trazer integrantes de sua equipe para eventos no Brasil.

Dentre os documentos que marcaram a história do PRHOEX, um dos mais relevantes foi o texto que Deming entregou exclusivamente para a Rhodia em 1990 intitulado *A System of Profound Knowledge* (Saber Profundo como Sistema). No texto, o guru americano prega a importância de se alinhar o pensamento estatístico, a visão sistêmica e o conhecimento sobre pessoas, temas que haviam sido contemplados em seus famosos 14 pontos para a gestão (veja *box*), pontos estes publicados no livro *Out of the Crisis* (Saindo da Crise), de 1986. A versão em português do livro do Deming chama-se *Qualidade: Uma Revolução na Administração*. Para se ter uma ideia do impacto da filosofia Deming na Rhodia, o seu livro em português foi lido e discutido em diversos grupos de estudo do PRHOEX. O Saber Profundo como Sistema foi incluído na versão em português do livro de 1986, lançado sob o patrocínio da Rhodia em 1990 e contou com o seguinte depoimento de Musa na "orelha" do livro:

> *"Em fins de 85, percebi que era necessário repensar os Caminhos Gerenciais de nossa empresa, e foi então que pedi a um grupo de Mestres Internos que estudassem o assunto. Do trabalho deles surgiu o contato com Deming e sua filosofia gerencial. Compreendemos então a futilidade dos objetivos numéricos[1], o prejuízo gerado pelas avaliações anuais de desempenho e, fundamentalmente, o que mais nos marcou, foi a compreensão profunda de que sem melhorar os processos, não se fazem melhorias de caráter permanente que não tenham consequências, às vezes desastrosas, em locais não visados.*
> *Nossa "Carta de Valores e Princípios", o leme que nos guia em direção à Visão de Futuro que hoje temos, elaborada desde então, tem seu cerne fundamentado na Filosofia Deming.*
> *Acredito que a compreensão dos ensinamentos deste GRANDE MESTRE muito fará pelo futuro do gerenciamento em nossas terras."*

A busca do PRHOEX por melhores processos, qualidade e competitividade pode dar a impressão de que a segunda metade da década de 80 estava sendo um desastre para a Rhodia. Longe disso. Os ventos eram favoráveis, mas em 1990 as previsões da direção da Rhodia tornaram-se realidade[2]: a abertura da economia ao mercado externo escancarou a falta de produtividade das empresas brasileiras. Aquelas que tinham ambição de sobreviver, saíram desesperadas em busca de mudanças. A Rhodia, por sua vez, demonstrou estar mais bem preparada que a maioria para aquele momento. Prova disso foi sua reação rápida ao desempenho financeiro de 1990[3], único ano da sua história centenária

1 Deming era contra os objetivos numéricos sem critério. Por exemplo: para valorar uma redução de 20% no quadro de funcionários, seria necessário obter dados e basear essa decisão em fatos analisados cientificamente. Não poderiam ser definidos friamente.

2 O PIB, medido pelo IBGE, registrou naquele ano a maior queda na história: 4,35%.

3 Em março de 1990, o presidente Fernando Collor de Mello tomou posse e lançou um plano econômico que previa o confisco do dinheiro das poupanças, criação de impostos e congelamentos de preços e salários, entre outras medidas, para tentar conter a hiperinflação do período.

em que sofreu prejuízo no balanço. Por conta dos aprendizados acumulados com o PRHOEX, a companhia estava pronta para enfrentar a crise: quebrou mais níveis hierárquicos, eliminou mais cargos desnecessários e aumentou ainda mais a produtividade. No ano seguinte, voltou ao lucro e, em 1993, teve o melhor resultado de sua história.

Então, aconteceu a crise na Farma

No começo dos anos 1990, no entanto, o PRHOEX ainda não era unanimidade. Uma das divisões que mais resistia era a Farma — mas, querendo ou não, ela teve de mudar. Em 1991, a divisão farmacêutica entrou em estado de colapso industrial. Corria o mês de outubro quando uma farmácia do Rio de Janeiro detectou que uma caixa de um determinado medicamento continha cartuchos de outro. Sem conseguir identificar a origem do problema, a empresa decidiu promover um *recall*: recolheu todos os seus produtos em todas as farmácias do país. Uma investigação posterior constatou que, no total, 18 cartuchos haviam sido trocados, mas o estrago financeiro e, especialmente, na imagem da marca perante clientes, órgãos do governo e classe médica já estava feito. Era preciso, agora, enfrentar as verdadeiras causas que culminaram na crise e, para isso, a solução foi o PRHOEX.

Antes de irmos adiante, é preciso voltar um pouquinho no tempo. O *recall* foi apenas a gota d'água que fez transbordar uma longa lista de problemas que a Farma vinha enfrentando desde 1986, quando comprou a americana Upjohn, localizada no bairro de Santo Amaro, em São Paulo. Como em todo processo desse tipo, esperava-se ganhos de escala e sinergia. A fusão administrativa e industrial incluiu a transferência da fábrica da Farma, que desde os anos 1930 operava na cidade de Santo André, para o bairro de Santo Amaro, na capital paulista. Resultado: feito água e óleo, ninguém se entendeu. O choque cultural foi tão brutal que, quando o *recall* aconteceu, havia um descompasso entre a produção e a venda, o nível de estoque estava altíssimo, os prejuízos e os conflitos iam do chão de fábrica aos escritórios. O dramático evento do *recall* escancarou tudo isso. A saída imediata foi chamar um interventor e demitir parte dos gerentes, mas a recuperação da Farma só aconteceu tempos depois de muita mudança[1].

---

1 Artigo acadêmico publicado na revista *FGV (RAE)*, intitulado *Mudança Organizacional*, de autoria do engenheiro químico Thomaz Wood Jr., da cientista social e professora da FGV Isabela Baleeiro Curado e do engenheiro químico Humberto Marcelo de Campos (que exercia o cargo de gerente de qualidade da Rhodia Farma na época).

Em termos gerais, o PRHOEX já estava consolidado como um instrumento de modernização do estilo gerencial, que buscava continuamente ideias e conceitos e os traduzia em práticas no interior da empresa. A Farma, no entanto, imersa em seus problemas com uma fusão que caminhava para o fracasso, ainda não tinha encontrado tempo para o PRHOEX. Um pouco antes do *recall*, a Rhodia já tinha se dado conta de que não ia conseguir a sinergia esperada e que seria obrigada a cortar custos para compensar o investimento feito com a compra da Upjohn. Roberto Darienzo, engenheiro mecânico, foi escolhido pela direção da empresa para ser o gerente de produção em Santo Amaro e lidar com a situação. Ele tem fresco na memória as lembranças de como era o clima naquela época.

> *"Quando eu cheguei para gerenciar a fábrica, havia duas máquinas grandes de comprimido, a blister 1 e a blister 2. Uma era da Upjohn e a outra era da Rhodia, duas empresas. O pessoal não ia almoçar se a outra máquina também não fosse almoçar ao mesmo tempo, porque eles tinham medo de que houvesse uma sabotagem. Não se falavam, não se sentavam juntos. No restaurante, era bastante nítido e dividido: o pessoal da Upjohn sentava-se de um lado do restaurante e o pessoal da Rhodia, do outro. Era péssimo."*

Para aumentar a complexidade da situação, no mesmo período foi estruturado um Programa de Demissão Voluntária (PDV) em toda a Rhodia, um dos primeiros do país. Eduardo Barrella, que atuou na área comercial da empresa e na equipe do PRHOEX, de 1990 a 1996, conta que a Rhodia propôs uma indenização que pagava meio salário por ano trabalhado na casa, mais seis meses de plano médico, além de todos os direitos trabalhistas. A meta era tirar 130 pessoas. No entanto, aconteceram 1.400 adesões. Departamentos inteiros foram esvaziados de um dia para o outro. Funcionários com décadas de empresa aceitaram o pacote oferecido. Alguns foram influenciados pelos próprios chefes. Barrella detalha:

> *"O efeito colateral do PDV é que muitos profissionais com décadas de Rhodia viram-se incentivados a aderir ao plano devido às vantajosas indenizações oferecidas pela empresa. Perdemos muitos amigos e colegas que tomaram essa decisão."*

O impacto dessa demissão voluntária em massa foi tão forte que Musa, ao voltar de uma viagem ao exterior e saber do ocorrido, tomou uma decisão radical: demitiu 20 gerentes que não estavam acompanhando a velocidade de mudança exigida pelo PRHOEX em função da abertura de mercado. Assim, enxugou a empresa de maneira uniforme. Então, quando aconteceu o *recall*, além de enfrentar as questões internas da fusão e questões externas da abertura de mercado, a Farma teve de lidar com uma equipe desfalcada. Além das demissões, a divisão também sofreu os impactos da dispensa de funcionários da antiga Upjohn que se mostravam resistentes à mudança de cultura.

O PRHOEX entrou na divisão farmacêutica com o nome de Plano de Ação para a Qualidade Total (PAQT). Envolveu ferramentas de planejamento estratégico, projetos multifuncionais, treinamento e desenvolvimento de pessoal e fornecedores e autocontrole do ciclo de produção. O PAQT teve duas fases após o período da intervenção: na primeira, com duração de cerca de um ano, o objetivo foi colocar a fábrica de volta nos trilhos, recuperar a *performance*; na segunda, iniciada em 1993, foi implantada a metodologia de planejamento integrado. Nesta última, buscou-se um novo salto na *performance*.

Como o nome já diz, havia uma grande preocupação em buscar melhorias na qualidade da Farma. Para comandar esse desafio, foi escalado o engenheiro Humberto Campos, que já havia trabalhado na área de plásticos de engenharia. Em um primeiro momento, Campos e sua equipe se dedicaram a melhorar a qualidade por meio de melhorias no maquinário; depois, junto com os operários, revisaram todos os processos, incluindo aqueles ligados aos fornecedores da área comercial.

Dessa forma, durante o PAQT, foi realizado um trabalho incessante com o objetivo de mudar a cultura da equipe e capacitá-la, inclusive com alfabetização, já que 80% do efetivo não tinham completado o primeiro grau. As relações entre chefes e operários também mudaram, tornando-se mais abertas à participação dos subordinados. Agora, os chefes teriam que aceitar as opiniões dos operários.

O ambiente de trabalho melhorou gradativamente e, aos poucos, os processos produtivos deixaram de ser acompanhados tão de perto. Algumas demandas dos funcionários também foram atendidas, como melhoria no sistema de comunicação, na alimentação e no serviço de transporte. O resultado: a equipe ficou mais comprometida, leal e participativa. Os conflitos entre os colaboradores reduziram-se sensivelmente e surgiu o sentimento de orgulho em fazer parte de tudo aquilo. Eram ações alinhadas com os critérios para obter a *performance* total estabelecidos pelo PRHOEX. Esses critérios, como menciona Denise Pereira Curi em sua dissertação de mestrado, eram sete: qualidade, produtividade, eficiência, eficácia, lucratividade, inovação e qualidade de vida.

O PRHOEX ganha asas

O trabalho realizado pela equipe do PRHOEX ultrapassou barreiras. Recebeu premiações mundiais do Grupo Rhône-Poulenc e os participantes das equipes tornaram-se consultores. Representantes de outras filiais vinham ao Brasil para entender o que estava sendo feito na Rhodia. França, Alemanha, Itália, Espanha, Venezuela, México, Colômbia, Argentina entre outros países receberam a visita de "missionários" do PRHOEX. O engenheiro Carlos Cardoso,[1] que chefiou a equipe do PRHOEX a partir de 95, lembra desse período.

> *"Missões de americanos, italianos, franceses vinham aqui só para ver como foi feito aquilo. Antes de eu sair da Rhodia, o coordenador mundial pediu-me para gravar um DVD, com os melhores cases do Brasil, em inglês, português e francês. Fomos à França apresentar.*
> *A gente recebeu prêmio mundial de 'Melhor Abordagem de Programa' dentro do grupo. Depois teve uma feira de práticas lá e pediram para montar um estande brasileiro. Nós fomos, fizemos o estande, colocamos fotos do que estávamos fazendo aqui. Encheu de gente, demos entrevista... Porque não é que a gente era melhor do que os outros. Nós tínhamos o PRHOEX e acreditávamos que daquele jeito era melhor."*

Funcionários como o próprio Cardoso, Eduardo Barrela, André Alckmin e Mathias Abreu passaram diversos períodos em outras plantas da América Latina e Europa implantando programas, compartilhando conhecimento e, por que não, trazendo novas ideias também. As visitas ao exterior também tinham o intuito de seguir com aquele propósito inicial do PRHOEX de buscar boas práticas ao redor do mundo.

O reconhecimento do PRHOEX dentro e fora das fronteiras da Rhodia se deve à persistência como seus líderes, em diversas época, continuaram alimentando a sede de conhecimento da equipe. Certa ocasião, o engenheiro Mauro Paganotti, que era o coordenador do PRHOEX na

---

1 Carlos Cardoso é engenheiro mecânico pela Politécnica da USP; entrou na Rhodia em 1971 como trainee; passou por diversas áreas da Engenharia até chegar à coordenação geral do PRHOEX, sucedendo André Alckmin. Aposentou-se em 2004.

unidade de Santo André[1], foi para uma missão nos Estados Unidos. Alckmin ficou sabendo e orientou o chefe dele a mandá-lo fazer um curso com o consultor americano Heero Hacquebord. Na volta, Alckmin pediu a opinião de Mauro sobre o curso. Como a experiência havia sido positiva, Heero foi, então, chamado para fazer uma apresentação para a Rhodia no Brasil. Carlos Cardoso também conta o caso de um neurocirurgião belga chamado Patrick Georges, especialista em fazer cirurgias protegendo a área do cérebro que o paciente mais utiliza de acordo com a profissão que exerce. O médico começou a estudar as diferenças entre os cérebros das pessoas em cada região do planeta. Os estudos o levaram a desenvolver a metodologia *management cockpit,* sistema de gerenciamento de desempenho e suporte a decisões. Cardoso soube que o seu Diretor Comercial estaria de passagem pelo Brasil, em conexão voltando de um evento no Uruguai. Então, entrou em contato com o neurocirurgião, buscou-o no aeroporto e o levou para realizar uma palestra na Casa Rhodia[2].

Posteriormente, Cardoso foi encontrá-lo na Bélgica e viabilizou um curso em Paris para profissionais da Rhodia. Com uma semana de duração, o tema foi a inteligência humana. Na volta, a metodologia *management cockpit* começou a ser aplicada na Rhodia. Marcos Antonio De Marchi,[3] engenheiro que entrou na companhia como estagiário em 1979 e chegou ao cargo de presidente da Rhodia América Latina de 2005 a 2012, lembra do *management cockpit*[4] implantado na área de plástico de engenharia, e posteriormente no Fio Textil e considera como um dos melhores que ele já viu. Francisco Ferraroli, também engenheiro, chefiava o Plásticos de Engenharia e relata que se ofereceu para receber o piloto do programa.

No Brasil, a equipe do PRHOEX também se relacionava com o meio acadêmico e com outras empresas e instituições. Houve uma ocasião, por exemplo, em que uma tecelagem que era cliente da Rhodia solicitou auxílio à empresa para estruturar seu plano estratégico.

Mauro Paganotti foi incumbido da missão:

---

1 Além da equipe de coordenação do PRHOEX, foram designados multiplicadores do processo dentro de cada unidade de negócio da Rhodia. Durante um semestre, esses representantes fizeram cursos de imersão para depois difundir os preceitos do PRHOEX em suas áreas de atuação.

2 Espaço de eventos mantido pela Rhodia nos anos 1980 e 1990, na Av. Brasil, na região do Jardim América, na zona oeste de São Paulo. Hoje, o imóvel abriga o Consulado da Espanha.

3 Engenheiro têxtil formado pela FEI. Entrou na Rhodia como estagiário em 1980 e ocupou o cargo de presidente da Rhodia América Latina de 2005 a 2012.

4 O conceito foi descrito no livro *The Management Cockpit: Essential Scoreboards*, de Patrick M. Georges.

"Eles tinham um programa de qualidade próprio, mas em contato com a área comercial foi solicitada ajuda para a Rhodia, pois eles continuavam com sérios problemas de qualidade e produtividade. Como eu trabalhava para o negócio têxtil, fui chamado para ir lá. Conheci então a empresa, entrevistei os dois proprietários e fizemos um plano de trabalho. Nós demos a formação conceitual primeiro para os diretores, depois envolvemos os gerentes e fizemos workshops para definir a visão de futuro e o planejamento estratégico. Na sequência, realizamos uma pesquisa de clima com os empregados. Ao longo do trabalho, outros especialistas da Rhodia foram envolvidos. Foi uma consultoria de alto nível, um trabalho de cima até embaixo. Os resultados foram muito bons, o que inclusive aumentou a parceria com o cliente. A Rhodia sempre priorizou muito esse tipo de trabalho em conjunto com clientes e com a sociedade."

Paganotti e Vilien fizeram o mesmo com diretores e gerentes da Semasa[1], promovendo um *workshop* de dois dias num hotel de Bertioga, no litoral paulista. Durante o primeiro mandato do governador Mario Covas, o Governo do Estado de São Paulo também utilizou a metodologia criada pela Rhodia para fazer um PDV.

Uma grande aliada do PRHOEX na difusão de conhecimento acadêmico sobre gerenciamento foi a Fundação Dom Cabral, onde atuava a professora Betania Tanure, que hoje dirige em Minas Gerais a Consultoria Betania Tanure Associados, com foco no desenvolvimento empresarial. Ela resume assim a sua visão do que foi o movimento do PRHOEX:

"Eu costumo dizer que a liderança tem de mudar o fluxo natural ou, quando ele está na direção correta, acelerá-lo. Porque se deixar no fluxo natural, não precisa de liderança: o fluxo cuida de si sozinho. E essa, para mim, é a expressão mais clara do que a Rhodia fazia naquele momento, o que definitivamente não é simples."

Além do meio acadêmico, o PRHOEX também passou a repercutir na imprensa. Em outubro de 1989, o *Jornal da Tarde* publicou uma reportagem com o título *Glasnost*[2] *na Rhodia: para Melhorar Sempre*, que dizia:

"Batizada de Processo Rhodia de Performance de Excelência - PRHOEX, a remodelação administrativa baseia-se na filosofia de melhorar sempre. Essa nova cultura começou a ser testada há dois anos pela própria diretoria

---

1 Autarquia municipal que era responsável pelos serviços de saneamento básico em Santo André.

2 Referência à política de abertura implantada à época na antiga União Soviética.

executiva e repassada a seguir ao nível da gerência. Finalmente, em março de 88 os 90 gerentes da Rhodia sacramentaram o PRHOEX em votação secreta, numa espécie de Constituinte que detonou sua aplicação em todos os escalões das 23 áreas de negócios do grupo. Querer mudar, saber mudar e pagar o preço da mudança são os componentes básicos da remodelação, ensina André Leite Alckmin, um dos teóricos da glasnost."

A postura da Rhodia Brasil nos meios de comunicação, aliás, foi outra quebra de paradigmas dentro do grupo Rhône-Poulenc, como retrataremos no próximo capítulo.

O "filho prematuro" do PRHOEX

O fenol é uma das matérias-primas mais importantes para a Rhodia. Fabricado na Unidade Química de Paulínia, tem uma extensa cadeia de derivados, com aplicações das mais diversas: de produtos farmacêuticos a componentes de veículos, passando por resinas, tintas e vernizes. Apesar da importância que sempre teve, em meados dos anos 1980 a fábrica do produto tinha um sistema de controle obsoleto. O modelo pneumático apresentava falhas quase que diariamente (eram cerca de 300 por ano), exigia intervenções manuais dos operadores, tinha um painel de controle imenso — com 27 metros de comprimento — e não havia peças de reposição no mercado, obrigando o reaproveitamento de componentes danificados, o que realimentava o ciclo de panes.

Por isso, em 1986, a equipe de automação da Rhodia foi incumbida de buscar uma solução para modernizar o controle do fenol. O trabalho envolveu 26 pessoas, de operadores a gerentes de engenharia, que foram divididas em grupos multidisciplinares para escolher qual o melhor sistema e implantá-lo. Enquanto o PRHOEX ainda engatinhava, nasceu o projeto NIFE (Nova Instrumentação do Fenol), que que já pregava a quebra de hierarquias, a busca de soluções inovadoras e o trabalho em equipe.

A parte conceitual do projeto envolveu diversos *benchmarks* externos, inclusive no exterior. O sistema escolhido, com contribuição ativa dos operadores, foi o SDCD (Sistema Digital de Controle Distribuído). A implantação teve início em 1989, após o lançamento do Plano Diretor de Automação da Rhodia. Capitaneado pela Divisão Química, o plano previa a melhoria de todas as linhas de produção da empresa. Dada sua importância, o fenol foi priorizado.

1 Expressão em francês para "núcleo duro".

Diversos paradigmas foram quebrados pela equipe do NIFE. Um deles pregava que era impossível fazer a troca do sistema de controle sem parar a fábrica por ao menos 100 dias. A equipe de trabalho, no entanto, esquematizou a implantação de um contêiner na parte externa da fábrica para que a substituição pudesse ser feita sem grandes impactos na operação. Enquanto o sistema era trocado, a operação seguia normalmente, comandada de dentro do contêiner. Nenhum dia de produção foi perdido e a qualidade do produto não foi impactada durante a alteração. Outro paradigma importante foi a participação dos operadores desde a escolha do fornecedor até onde implantar o controle avançado.

Concomitantemente, a equipe de operadores passava por um processo de treinamento para aprender a gerenciar o SDCD (aqui, outra premissa do PRHOEX: a disseminação do conhecimento em todos os níveis da empresa). O trabalho foi tão bem executado que até a fornecedora do sistema pediu à Rhodia que permitisse o uso do manual desenvolvido pela equipe de operação.

Antes de o novo sistema começar a operar, mais uma inovação: um simulador foi desenvolvido por um dos funcionários da Rhodia, o engenheiro Cláudio Takase.[1] Apelidada de "Takaplus", em referência ao sobrenome de seu criador, a ferramenta possibilitou antever quais seriam as consequências que a fábrica poderia sofrer ao acionar o SDCD.

A simulação da Takaplus foi transferida para o SDCD por Carlos Rodrigues, visando ao treinamento dos operadores e à prevenção de possíveis falhas, evitar acidentes de grandes proporções e possibilitou, anos depois, a criação do CAFE (Controle Avançado do Fenol) com o objetivo de seguir em busca de melhorias contínuas. O projeto evoluiu e, conforme retratado em uma reportagem da *Revista Rhodia* em 1998, já havia englobado também a produção de ciclohexanol, passando a ser chamado CACIFE. O trabalho de Takase é referência para a Rhodia até hoje. Mesmo aposentado, o engenheiro segue prestando serviços de consultoria para a empresa.

O Projeto NIFE proporcionou diversos benefícios, como o aumento da produtividade dos operadores, que passaram a ter mais tempo para acompanhar os processos de perto e verificar possíveis melhorias. Já o painel com as informações passou de 27 metros de comprimento para apenas três. As vantagens também foram notadas no caixa: em 1991, mesmo sem todas as operações da unidade estarem automatizadas, o retorno gerado com o aumento da produtividade já tinha chegado a US$ 1 milhão.

---

1 Engenheiro mecânico pelo ITA, atuou na Rhodia dos anos 1970 até a década de 1990. Segue até hoje como consultor da empresa nas áreas de automação e instrumentação.

A equipe inovou também na forma de apresentar o trabalho em eventos internos e externos e criou um jogral, representado por seis integrantes, de diferentes níveis hierárquicos. Até o presidente à época, Edson Vaz Musa, viu a apresentação. Ele gostou tanto que pediu à equipe que a repetisse para um executivo francês da Rhône-Poulenc que estava de passagem pelo Brasil em 1992. O evento aconteceu no auditório do Centro Empresarial, em São Paulo, sede da Rhodia. A presença de um operador — nível hierárquico que exige pouca formação acadêmica — em uma apresentação a diretores e representantes do grupo mundial também foi vista como um marco importante de quebra de paradigmas do NIFE.

Os protagonistas do PRHOEX

O PRHOEX só foi possível graças ao trabalho em equipe e à dedicação de diversos profissionais. Alguns, porém, tiveram atuação importante e constantemente são lembrados por rhodianos e ex-rhodianos que vivenciaram esse processo em busca da excelência. Um deles é o mentor intelectual do PRHOEX, André Leite Alckmin, um dos profissionais mais admirados e respeitados da história da Rhodia.

André Leite Alckmin: o engenheiro que recebeu a missão de fazer a transformação cultural da Rhodia

Alckmin (agachado) em fórum internacional de educação: transferindo conhecimento

Engenheiro aeronáutico formado pelo Instituto Tecnológico de Aeronáutica (ITA) em 1960, Alckmin nasceu em Guaratinguetá, no interior de São Paulo. Entrou na Rhodia logo na sequência e só saiu aposentado, em 1996. Faleceu em 2009, mas continua sendo lembrado com carinho pelos antigos colegas, chefes e amigos. Foi um dos nomes mais citados durante as entrevistas realizadas para este livro, entre outros motivos, por ter sido um grande incentivador da transformação do perfil de chefes em líderes. Alckmin costumava usar uma expressão que se tornou famosa na empresa: "maracujá marrom" como metáfora quando um líder não sabia o que estava pedindo e, por isso, recebia um resultado inadequado. Conta-se que a expressão é baseada na história de uma mulher grávida que estava com desejo de comer maracujá marrom. O marido saiu à noite à procura da fruta, mas sem sucesso. Ao chegar a casa, a mulher disse que o filho ia nascer com cara de maracujá marrom. No dia seguinte, o marido voltou a procurar e nada, até que teve uma ideia: comprou um maracujá amarelo, pintou de marrom e o entregou à mulher. Ela ficou muito feliz, comeu o maracujá e acreditou que o filho tinha sido salvo de nascer com cara de maracujá marrom.

Nilcea Monte Alto, a Nil, trabalhou com Alckmin por quase dez anos, desde o início do PRHOEX. Ela o descreve como alguém especial: "ele é uma das melhores lembranças que tenho da Rhodia, por tudo que me trouxe e pela qualificação que me proporcionou. Ele acreditou em mim e teve o valor de quase um pai". Walter Cirillo,[1] presidente da Rhodia de 2000 a 2005, define Alckmin como a "personificação do PRHOEX".

1 Administrador de empresas, entrou como estagiário na divisão têxtil em 1966 e ocupou o cargo de presidente de 2001 a 2005. Foi também CEO da Rhodia-Ster de 1996 a 2002.

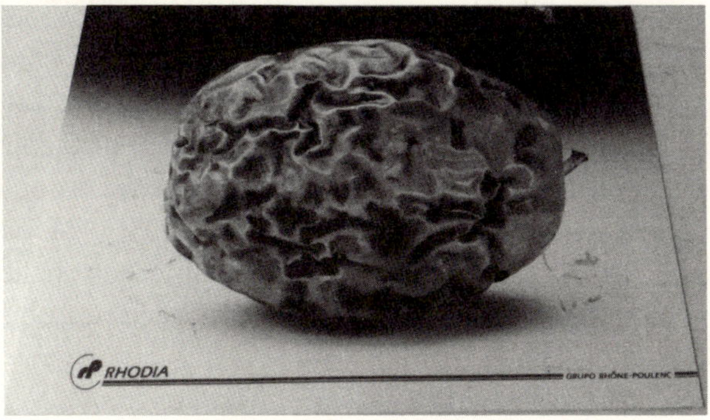

História sobre "maracujá marrom" ganhou até cartaz oficial da Rhodia: combate às ordens sem sentido

Já Edson Vaz Musa, que presidiu a empresa de 1984 a 1996, vê o engenheiro como "uma das cabeças mais revolucionárias que nós tínhamos". O engenheiro José Ricardo da Silveira, que conheceu Alckmin na faculdade e o indicou para a Rhodia, também entrou na empresa em 1960, foi Diretor da Rhodia Nordeste, chegando a ser Diretor Adjunto de Pesquisa e Desenvolvimento do Setor de Fibras e Polímeros da Rhone Poulenc.

Se Alckmin foi o grande mentor intelectual do PRHOEX, Paulo Berringer foi o operador. Juntos, os dois capitanearam o processo. O estilo de um complementava o do outro. Filho de belgas, Berringer nasceu em São Paulo, em 1932. Nos anos 1950, foi estudar nos Estados Unidos e formou-se em engenharia pelo *Massachussets Institute of Technology* (MIT). Em 1956, voltou ao Brasil e foi o primeiro engenheiro brasileiro a ser contratado pela Rhodia para trabalhar na subsidiária da divisão têxtil, a Rhodiaceta, em Santo André.

Foi lá que o então jovem Antonio Câmara, aos 17 anos, conheceu Berringer. Ele entrou no escritório técnico da Rhodiaceta como aprendiz de desenhista. Câmara descreve Berringer, com quem trabalhou por 35 anos, como uma pessoa que, pelo cargo que ocupava, teria tudo para ter uma postura de superioridade, mas era exatamente o contrário. "Ele poderia ser arrogante, mas era humilde. Ele vinha de uma universidade estrangeira; era muito raro um brasileiro estudar lá [no MIT]", diz.

Em 1976, Berringer assumiu o posto de gerente-geral de Engenharia da Rhodia. Em 1985, passou a integrar a equipe do PRHOEX. O engenheiro Livaldo Santos não foi funcionário da Rhodia, mas trabalhou em um escritório de projetos que prestava serviços para a empresa. Ele relembra como era a relação com Berringer: "Lembro-me da primeira vez que ouvi o nome de Deming, quando o Paulo me relatou o trabalho do guru americano no Japão. Com a sua coordenação, tínhamos um grupo de estudos dentro do escritório que lia e discutia livros e *papers* que ele indicava", relata.

Berringer trabalhou na coordenação do PRHOEX até se aposentar, na primeira metade dos anos 1990. Faleceu em 2019, mas deixou nos ex--colegas de Rhodia a lembrança de uma figura humana ímpar. De postura apaziguadora, ficou conhecido por resolver conflitos. "Ele possuía uma capacidade incrível de conciliar pessoas e problemas: sempre transformava conflitos em soluções. O sorriso era sua característica pessoal", descreve Câmara sobre o amigo.

Além dos dois coordenadores, uma das profissionais que mais acompanhou o PRHOEX — e que deu inúmeras contribuições com dados para este capítulo — é Nilcea Feres Monte Alto, a Nil. A história dela na Rhodia confunde-se com a do PRHOEX. Formada em Administração, Nil entrou na empresa em agosto de 1985 e por lá ficou até 1996. Ela conta assim sua experiência no PRHOEX: "o PRHOEX, que ainda não tinha esse nome, pegou mesmo no 'breu' no fim da década de 80. Foi em 1990 que a gente formou uma equipe. Pessoas muito especiais foram para lá. Foram anos de muita produção. Muita apostila, discussão, livros ", relata.

E o conhecimento adquirido ia além dos muros da Rhodia. "Os clientes também pediam nossa ajuda quando estavam com problema", conta. Nil foi responsável por elaborar uma linha do tempo com centenas de páginas, detalhando tudo o que aconteceu no processo durante 12 anos, evento por evento, ata por ata. Com carinho, Nil lembra que a Rhodia permitiu que ela iniciasse e concluísse sua graduação em Psicologia. "O PRHOEX é como se fosse minha segunda família".

CAPÍTULO 4

Equipe de classe mundial

O dia 29 de agosto de 1994, uma segunda-feira, foi um pouco mais quente que os anteriores na cidade de São Paulo, com a temperatura oscilando entre 14 e 25 graus. O clima era ameno também no auditório da Diretoria Regional dos Correios, onde o então presidente da Rhodia, Edson Vaz Musa, falou por duas horas para uma plateia atenta de executivos da estatal. Com 55 anos, desde 1984 no cargo, Musa falava com autoridade. Estava ali porque já era nacionalmente reconhecido como o líder que havia provocado uma grande transformação cultural na Rhodia nos dez anos anteriores. Musa resumiu o tema de sua apresentação como "uma nova filosofia empresarial" que permitia utilizar o "potencial máximo" das pessoas em busca de uma "organização de classe mundial".

Não era a primeira vez nem a última que o *case* da Rhodia gerava interesse em outras organizações. No dia seguinte à visita aos Correios, por exemplo, representantes de cerca de 300 empresas se reuniram das 9h às 16h, no auditório do jornal *O Estado de S. Paulo*, para saber o que estava acontecendo na filial do grupo francês Rhône-Poulenc. Musa abriu rapidamente o encontro e foi substituído no palco por executivos e operários que se revezaram em apresentações. Desde 1990, quando a economia brasileira foi aberta aos produtos importados, havia um sentimento nas empresas de que era preciso adotar novos modelos gerenciais como forma de sobrevivência. Eram comuns os termos reengenharia[1], qualidade total e *benchmarking* serem assuntos da imprensa especializada em negócios.

---

1 A reengenharia é um processo de mudança organizacional criado no início da década de 1990 pelos americanos Michael Hammer e James Champy, que consiste em replanejar a empresa como um todo, traçando novas estratégias competitivas.

A Rhodia era um modelo porque, mesmo sem usar esses bordões de gestão, já adotava ferramentas similares de forma sistemática bem antes do mercado. Havia se antecipado em uma década à maioria das empresas. Como vimos no capítulo 2, desde 1985 a Rhodia vinha implantando metas e ações em torno do PRHOEX, como ficou conhecido o Processo Rhodia de *Performance* de Excelência. O PRHOEX era um conjunto de ações que visava uma profunda mudança na cultura organizacional com redução dos níveis gerenciais, mais participação dos empregados na tomada de decisões, novo estilo de liderança e, entre outras coisas, o incentivo a que as pessoas se sentissem num ambiente de liberdade com responsabilidade. Enfim, uma revolução no jeito tradicional de se fazer recursos humanos.

Como tudo começou

Assim como a maioria das organizações, a Rhodia entrou na década de 1980 com um modelo de gestão típico da época: chefes que prezavam a hierarquia e o estilo "manda quem pode, obedece quem tem juízo"; funcionários apaixonados pela empresa, mas sem voz sobre seu trabalho; equipes que não compartilhavam conhecimento, não deixavam a informação circular. Essas eram características da cultura organizacional vigente.

João Paulo Somers relata uma situação que exemplifica essa cultura:

> *"Todos os chefes que tive nessa época eram duros, não admitiam falhas no trabalho. Quem fosse fraco não conseguia ficar lá. Se fosse hoje, poderiam ser processados por assédio moral. Inúmeras vezes fui pressionado pelo meu chefe, em um canto da sala, apontando o dedo para mim e dizendo que eu não estava fazendo meu trabalho do jeito que ele havia determinado."*

O chefe mencionado por Somers era Dubois. Embora Somers sofresse com esses rompantes de autoritarismo, ele tem certeza de que Dubois gostava de seu trabalho, pois frequentemente era convidado para jantar na casa do chefe, cuja esposa sempre lhe pedia educadamente para relevar o comportamento inadequado do marido. O relacionamento entre os dois profissionais equilibrou-se ao longo dos anos, tanto que Somers assumiu o cargo de Dubois quando este se aposentou no fim dos anos 1960:

"Durante mais de 30 anos, Dubois chegou à fábrica, todos os dias, às sete horas da manhã e por lá ficava até 18 horas. Quando se aposentou, teve uma das mais emocionantes despedidas que vi na Rhodia. Sem que ele soubesse, por volta das 11h, coloquei 80% dos operários nas ruas da fábrica e fui buscá-lo acompanhado dos engenheiros. Dissemos que iríamos acompanhá-lo em seu último dia de trabalho. Ele saiu a pé do escritório, que ficava no centro da fábrica, e teve de atravessar todas as ruas até chegar à portaria. Eu, a esposa e os engenheiros fomos com ele. Os operários formaram duas alas para ele passar no meio."

Na palestra que fez nos Correios, Musa deu outro exemplo de como era a cultura da Rhodia:

"Na Rhodia, nós tínhamos 32 equipes de negócio. Um desses times tinha os três melhores profissionais da casa: o melhor homem de marketing, o melhor diretor técnico e o melhor gerente de produção. Mas esse negócio perdia dinheiro. Por quê? Eram tão bons que, quando se reuniam, não ouviam o que o outro tinha a dizer, cada um cuidava do seu. Os três foram demitidos. Hoje, esse time recuperou-se tremendamente porque os três foram para a rua. São ótimos profissionais, mas não têm o perfil para trabalhar junto."

Valorização das pessoas

A Rhodia, ciente da necessidade de evoluir sua liderança de um estilo autoritário para um estilo mais envolvente e participativo, adotou a estratégia de introduzir novas ferramentas de gestão de pessoas. Para criar um ambiente propício à geração de ideias em toda a empresa e incentivar a equipe a tomar iniciativas sem esperar ordens superiores, a Rhodia adotou o conceito de *empowerment*, pelo qual funcionários ganham poder, mas também assumem responsabilidades. Em um ambiente assim, o erro deve ser visto como parte do processo de aprendizado. Ao mesmo tempo, os dirigentes foram incentivados a se aproximar mais do chão de fábrica, da realidade da empresa, adotando um papel de facilitador do time. "Vários conceitos giram em torno de *empowerment*, como educação, delegação e participação. É ter uma organização enxuta, com poucos níveis hierárquicos, o mais limpa possível", disse Musa aos executivos dos Correios.

Um dos resultados foi a adoção, ainda no final dos anos 1980, da filosofia das equipes autogerenciadas. A Divisão Têxtil de São José dos

Campos foi a que mais avançou no projeto, batizado de SEMAUTO. Luis Antonio Sampaio da Cruz, que foi coordenador de recursos humanos da unidade na época, conta que o sistema foi adotado por operários das áreas de manutenção e fabricação. Cada equipe fazia a gestão de suas horas trabalhadas, organizava a substituição de algum funcionário que faltasse, substituía peças quebradas nas máquinas sem aguardar que uma ordem da supervisão, entre outras atividades corriqueiras. O objetivo era que o supervisor de cada equipe pudesse focar o relacionamento com as outras áreas da empresa e questões mais técnicas, como a implantação de novos sistemas.

John P. Kotter, professor de Harvard, em seu livro *Liderando a Mudança*, lançado em 1988, apresenta oito pilares essenciais para que um processo de transformação cultural seja bem-sucedido. Entre eles, Kotter enumera senso de urgência, comunicar a mudança e investir no empoderamento dos funcionários, a maioria deles implementada pela Rhodia. O exemplo mais dramático da transformação cultural da Rhodia aconteceu na Divisão Farma quando de sua fusão com a Upjohn. As demais divisões, de uma forma ou de outra, já estavam em processo de mudança desde a década de 80, mas a Farma resistia devido a dificuldades geradas pela integração da cultura francesa com a americana, que, ao serem unificadas sob o mesmo teto, mostraram-se completamente diferentes.

Depois de um tempo, a cultura se deteriorou ao ponto de envolver questões éticas. Parte da equipe da Farma chegou a forjar quebras de máquina para justificar horas extras. Além de gerar adicionais de salários, o hábito representava uma despesa desnecessária de cerca de 250 mil dólares por ano em corridas de táxi para quem saía após o expediente. Para reverter a situação, a empresa focou a aproximação dos líderes com o pessoal da fábrica, melhorando a produtividade e eliminando a "máfia" da hora extra e do táxi. Kotter explica que o empoderamento ocorre quando os funcionários se sentem parte da mudança. Para isso, diz ele, é imprescindível adotar uma comunicação adequada para cada público, oferecer estruturas compatíveis com a mudança almejada, investir em treinamentos e, principalmente, lidar com eventuais resistências ao processo. Naquele momento da divisão Farma, a aproximação da liderança com a equipe fez com que todos se apropriassem da mudança e compartilhassem a mesma visão. E compartilhar, no caso, não se tratava apenas de convencer a equipe de algo, mas sim fazer com que tivessem sentimento de estar construindo junto a nova cultura porque eram ouvidos, tinham as opiniões acolhidas. Com o empoderamento em todos os níveis hierárquicos, o ambiente tornou-se propício para a transformação cultural, consolidando valores como confiança e respeito.

Derrubando paredes

Popularmente, a cultura de uma organização pode ser definida como "o jeito que fazemos as coisas aqui". Conceitualmente, a cultura é feita de normas, valores, padrões, rituais, tradições e outros aspectos similares que podem ser enumerados, porque são perceptíveis. Edgar H. Schein, professor da *Sloan School of Management*, a escola de negócios do MIT, acrescenta que cultura é também tudo aquilo que é estável, profundo, intangível, universal e integrado nas ações e na estrutura da empresa. Os problemas da Rhodia podiam ser encontrados tanto nos aspectos tangíveis quanto intangíveis. Gestores e equipe não se misturavam nos escritórios. As salas da diretoria tinham paredes fechadas até o teto para que ninguém visse ou ouvisse nada, enquanto as salas dos coordenadores eram de vidro, sem privacidade. Na fábrica de Santo André, os restaurantes eram divididos em três "níveis", de acordo com os cargos: um para o chão de fábrica, um para a média gerência e um conhecido como Pessoal Superior, que depois foi alterado para PNE (Pessoal Nível Executivo).

As pessoas eram instruídas a se comunicarem por memorandos — mensagens escritas — levadas por contínuos (*offices boys* internos), pelos longos corredores da empresa, dos subordinados até as secretárias. Elas direcionavam os documentos para "caixinhas" nas mesas dos gestores, para que fossem lidos oportunamente — processo que poderia se tornar bem moroso ou mesmo nunca ocorrer. Essa regra de comportamento era em geral seguida, porém, às vezes causava dificuldades para os profissionais adeptos da mudança. Carlos Cardoso conta a seguinte bronca que levou de um diretor francês:

> *"Certo dia, mandei pela caixinha um material a respeito do C.I.M. (Controle Integrado da Manufatura), que mostrava a importância estratégica de conectar os sistemas digitais de automação e de gestão da empresa, para o Musa, que me respondeu: 'Isso aqui é um assunto importante que deve ser apresentado à Diretoria'. Preparei então uma apresentação. Quando a agenda da reunião da Diretoria chegou ao Diretor de Ciência e Tecnologia — ao qual a Engenharia estava vinculada —, ele viu minha apresentação sobre o CIM na pauta. Eis que esse diretor me chamou na sala e me deu uma reprimenda: 'Onde já se viu você se comunicar direto com o presidente da empresa, sem passar pelo seu chefe e por mim? Eu sirvo para quê? Eu que deveria falar com ele. Você não está respeitando a hierarquia. Mesmo assim, fiz apresentação, que foi elogiada pelo diretor."*

Peter Drucker[1], considerado o pai da administração moderna, ensina em sua obra *The Practice of Management*[2] (a primeira edição é de 1955) que gestores devem atuar focados em contribuir de maneira ativa e transparente para que o sucesso da empresa seja alcançado. E, na mesma linha, especialistas como Edgar H. Schein afirmam que são os líderes que criam a cultura de uma organização. Não se pode afirmar que os gestores da Rhodia desrespeitassem os dois gurus. Para começar, a empresa sempre teve um corpo técnico de altíssimo nível, capaz de sustentar o seu sucesso desde a origem, em 1919. Do ponto de vista técnico, os líderes sabiam do que estavam falando.

Os mesmos líderes também haviam forjado uma cultura forte, que prezava a qualidade, a inovação e o espírito de família, entre outras coisas. O problema é que eles não tinham as características capazes de criar uma empresa de classe mundial, pronta para disputar de igual para igual com gigantes globais, no momento em que a economia brasileira se abrisse para o mundo. E essas características, se não existiam, precisavam ser desenvolvidas, promovidas, incentivadas. Foi isso que o PRHOEX acelerou. Entre as medidas adotadas, estavam a redução das paredes na diretoria, as secretárias deixaram de ter antessalas e e as fábricas receberam quadros de avisos para tornar as informações acessíveis a todos.

Por conta da comunicação truncada entre líderes e liderados que vigorava na Rhodia, muitas vezes os operários simplesmente ignoravam ordens vindas de cima. Nilcea Feres Monte Alto, uma das coordenadoras do PRHOEX, lembra de um fato que evidencia isso:

> *"Certa vez, foi dada uma ordem aos operários da divisão Têxtil tornando obrigatório o uso de óculos de proteção, um dos EPIs[3] previstos nas normas de segurança no trabalho. No entanto, ninguém foi lá explicar para que servia o equipamento, mas exigiam o uso. Depois de um tempo, verificou-se que as ocorrências não diminuíram. O que se descobriu? Os operários estavam retirando as lentes dos óculos! Zombaram dos gestores, pois não viam lógica naquela obrigatoriedade."*

---

1 Peter F. Drucker é um filósofo e economista de origem austríaca. Nasceu em 1909 e faleceu em 2005 nos Estados Unidos. Em 70 anos de carreira, publicou 39 livros.

2 O livro foi publicado em português pela Editora Fundo de Cultura, em 1962, com o título *Prática de Administração de Empresas*.

3 Equipamento de Proteção Individual.

A confiança entre líderes e liderados só começaria a ser estabelecida quando entraram em ação princípios como o *walk the talk*[1], que, numa tradução livre, significa "fazer o que fala". É o oposto do ditado popular "faça o que o eu digo, mas não faça o que eu faço". Como ensina Kotter, "a comunicação acontece por meio de palavras e ações, sendo a última a mais poderosa. Nada prejudica mais uma mudança do que indivíduos importantes que se comportam de forma incoerente com a comunicação verbal. E isso é bem comum até em empresas bem conceituadas".[2] Naquele momento, uma coisa estava clara: para tornar a Rhodia na empresa de classe mundial sonhada por Musa, seria preciso primeiro mudar as pessoas. E isso começou antes de o PRHOEX existir.

Desenvolvimento da liderança

O programa de Treinamento de Executivos - PTE, implantado em 1979 foi a raiz da preparação dos executivos para a mudança. Ele visava à capacitação em temas como liderança situacional, técnicas de apresentação, comunicação escrita e finanças para não financeiros. César Gomes,[3] gerente de recursos humanos de 1980 a 1998, comenta que o diferencial do programa era ser um conjunto de módulos para capacitar os líderes que a Rhodia almejava. Na época, além do PTE, a Rhodia implantou metodologias para o desenvolvimento de habilidades específicas de seus gestores. Outro importante projeto de desenvolvimento de liderança foi montado por Betania Tanure, da Fundação Dom Cabral, no final da década de 1980. O *briefing* que ela recebeu dava uma dimensão do desafio:

> *"A gente precisava trazer conhecimento e experiência para que o grupo de executivos pudesse avançar e robustecer numa velocidade maior do que a natural. Era um superdesafio. Naquela ocasião, a Fundação Dom Cabral não tinha dimensão nacional e o Musa e sua equipe tiveram um papel fundamental. O PRHOEX já existia e contribuía para retroalimentar nosso projeto. Foi um 'casamento' que deu supercerto."*

---

1 Conceito popularizado pela especialista em cultura organizacional americana Carolyn Taylor no fim dos anos 1990 e que originou o livro de sua autoria *Walking The Talk: A Cultura Através do Espelho*, lançado no Brasil pela editora Publit.

2 Livro *Liderando a Mudança*, de John P. Kotter, editora Campus.

3 César Gomes é administrador formado pela Faculdade de Ciências Econômicas de São Paulo e foi gerente sênior do departamento de recursos humanos da Rhodia de 1980 a 1998.

O projeto de Betania Tanure, chamado de PGA - Programa de Gestão Avançada, tinha o objetivo de trazer uma nova perspectiva à liderança da Rhodia para conectá-la com a estratégia de ser uma empresa de classe mundial. Ela conta que o PGA levava pequenos grupos de dois ou três executivos brasileiros para terem aulas de alto nível sobre as principais disciplinas da Administração, como estratégia, planejamento e gestão de qualidade, nas melhores escolas de negócios do mundo. Uma delas era o Insead, na França. Marcos Antonio De Marchi lembra que a maioria dos executivos que participaram do PGA, em algum momento, ascendeu a uma posição importante dentro da organização.

Após desenvolver sua liderança, a Rhodia reestruturou a área de produção, adequando a quantidade de departamentos e os níveis hierárquicos. Roberto Darienzo, que foi diretor industrial da Farma, comenta que a departamentalização na divisão era assustadora:

> *"Não eram feitas reuniões para discutir metas em conjunto. Cada departamento tinha os seus objetivos. Isso era grave. O nosso trabalho era tentar organizar, tentar quebrar a departamentalização, tentar discutir junto."*

Para aproximar os funcionários de uma mesma equipe, as responsabilidades e atribuições de cada membro passaram a ser bem claras, a ajuda mútua tornou-se bem-vista e as melhorias eram reconhecidas, focando sempre na *performance* em conjunto. Era o fim do individualismo e o início da jornada em que o conhecimento era acessível a todos. E, para que a comunicação desse processo fosse ajustada, Raffaele Franchi,[1] que participou ativamente da implantação do PRHOEX, conta que, entre um operador e um diretor geral, passaram a existir dois níveis no meio — bem diferente dos cinco ou seis que vigoravam até o início dos anos 1980. Com menos níveis hierárquicos, as pessoas sentiram-se seguras para compartilhar conhecimento e fazer parte da transformação cultural que dominava as unidades da Rhodia. Além disso, a medida visava a elevar a produtividade da empresa, colocar toda a organização a serviço do cliente, com especialistas trabalhando juntos para melhorar o processo.

---

1 Engenheiro mecânico formado pela FEI, entrou na Rhodia como trainee em 1971. Ocupou cargos de coordenação e foi gerente-geral da fábrica de Paulínia. No início dos anos 2000, foi expatriado para a França, onde passou a integrar o comitê-executivo mundial da Rhodia. Saiu da Rhodia em 2006, quando ocupava o cargo de vice-presidente industrial global do grupo.

Artigo acadêmico publicado em 1994 pela revista *RAE*, da Fundação Getúlio Vargas, analisa como os sucessivos processos de reestruturação, com foco em produtividade e resultados, reduziram o quadro de funcionários da Rhodia de cerca de 14 mil (em 1989) para aproximadamente 9 mil (em 1993). Essa redução foi obtida também por meio de um redimensionamento estratégico, com a venda de alguns negócios, programas de terceirização e planos de demissão voluntária.

Na ocasião, tornou-se ainda mais relevante uma política de recursos humanos que a Rhodia vinha aplicando desde a segunda metade da década de 1980: oferecer *Outplacement* aos executivos demitidos. Usada até os dias atuais, tem o objetivo de oferecer apoio e assistência para a recolocação do profissional no mercado. Cesar Gomes relata que, para a empresa, essa era "*uma solução humanizada para processos de demissão, uma atitude responsável no desligamento de seus profissionais*".

Visão sistêmica e foco no processo

As empresas que adotam o conceito de visão sistêmica têm consciência de que estão inseridas em um sistema produtivo muito maior, com partes que são interdependentes: acionistas, comunidade, fornecedores, clientes, funcionários etc. Ou seja, cada *stakeholder* importa. Isso significa acreditar que resultados sustentáveis no longo prazo dependem do equilíbrio de todos esses elementos, sendo importante que a empresa se posicione com base no conceito ganha-ganha, aquele que favorece todos os envolvidos. A Rhodia passou a se posicionar dessa forma em meados dos anos 1990.

De acordo com Cardoso, para desenvolver sua visão sistêmica, a Rhodia usou como referência especialistas como Marvin R. Weisbord[1], que popularizou a metodologia *Future Search* (visão de futuro, em português) pela qual a empresa consegue explorar mais adequadamente o sistema em que está inserida. O engenheiro conta que foram realizados eventos chamados de *Search Conference* voltados a funcionários de diferentes níveis, da liderança até operários. Acreditava-se que uma organização que aprende junto e compartilha conhecimento chega mais longe. Então, nessas ocasiões faziam a discussão em conjunto sobre o sistema em que

1 Livro *Future Search*, de Marvin R. Weisbord e Sandra Janoff Berrett, editora Koehler Publishers.

a empresa atuava e buscavam enxergar uma perspectiva de futuro em todas as áreas envolvidas na operação.

Essa prática de visão sistêmica surgiu primeiramente nas ações do PRHOEX e, pouco depois, foi replicada nas atividades de recursos humanos. Com isso, questões como *feedback*, avaliações de desempenho e aumentos salariais passaram a ocorrer com base em metodologias e critérios, o que trouxe transparência e credibilidade aos processos. Outra metodologia utilizada para desenvolver habilidades específicas de visão sistêmica nos gestores foi a Kepner-Tregoe (KT), criada pelos especialistas Charles H. Kepner e Benjamin T. Tregoe[1]. Batizada inicialmente como *Matriz de Priorização de GUT*, a KT auxilia na resolução de problemas por meio de três critérios: gravidade (G), urgência (U) e tendência (T). A proposta da KT é, então, avaliar os aspectos de risco de cada problema para o negócio e o impacto ao longo do tempo, identificando o que precisa ser corrigido imediatamente e o que pode ficar para mais tarde. O engenheiro Francisco Ferraroli, que trabalhou na divisão Têxtil nos anos 1970, passou quase dois anos multiplicando esse conhecimento nas áreas têxtil, comercial, industrial e química, explica:

> *"É uma ferramenta para abordagem racional de problemas e tomada de decisões, que permite uma fácil implementação, pois não mexe diretamente na estrutura. Ajuda as equipes a encontrar a causa-raiz de um problema aparentemente sem solução. A metodologia ensina a encontrar de forma racional a melhor opção para um problema."*

Deming recomendava que as empresas deveriam tirar o foco das pessoas, da matéria-prima e do produto final. Mandava colocar o foco no processo que leva ao produto ou serviço oferecido ao cliente. Ao melhorá-lo, a empresa automaticamente vai melhorar o produto ou serviço que oferece. Deming ia além: recomendava que a qualidade deve se adaptar às necessidades do cliente. Para exemplificar isso, durante muito tempo circulou nos treinamentos da Rhodia um vídeo no qual aparece um pneu velho, todo careca, seguido da pergunta: "Este pneu é de qualidade?". Em geral, a primeira resposta da turma era negativa, que era um pneu pronto para ser descartado. Na próxima cena, porém, vemos um barco encostado no porto, protegido nas laterais pelo mesmo pneu careca. Com isso, a Rhodia queria mostrar que o foco no processo

---

1 Charles H. Kepner e Benjamin T. Tregoe apresentaram a GUT no livro *O Administrador Racional*, editora Atlas.

precisa ter em vista a qualidade desejada pelo cliente, não aquela que acreditamos ser a qualidade ideal.

Para implantar a cultura de foco no processo, a Rhodia avaliou todos os procedimentos em todas as unidades, desde os mais complexos até os mais simples. Esse trabalho de melhoria de qualidade foi levado para a área comercial por Humberto de Campos, que havia atuado anteriormente na implantação do PAQT na Farma. José Antonio Maluf, gerente da divisão Farma, conta um caso sobre as amostras que os propagandistas levavam para os médicos. O material era jogado no porta-malas do carro e ficava lá sujeito a altas temperaturas e sem controle de quantidade e de prazo de validade. Detectado o problema, foram criadas caixas que separavam as amostras. Além disso, adotou-se o controle mais rigoroso sobre as amostras entregues aos médicos e o destino dado a elas. Tudo passou a ser auditado. "A gente tinha um protocolo que passava por toda a equipe comercial e de marketing para garantir a credibilidade dos nossos produtos. Criamos essa mentalidade de qualidade e transparência", lembra Maluf.

Marco Aurélio Carvalho de Abreu, que ingressou na Rhodia como representante da Farma em 1975, comenta que a Rhodia criou uma ficha que deveria ser preenchida com todos os dados do médico, desde o CRM, o endereço particular e até o hobby. Essas informações eram usadas pelos funcionários como quebra-gelo nas conversas com os médicos. "A partir desse momento, houve uma mudança bacana. A visita deixou de ser aquela coisa do tagarela, e passamos a aprofundar mais nos produtos", conta Abreu.

A formação de um time de classe mundial

A Rhodia sempre foi conhecida pela qualidade do seu corpo técnico e gerencial. Para isso, tinha tradição de investir no recrutamento de talentos formados em escolas de renome. Depois, treinava-os dentro e fora das salas de aula. A prática de formar profissionais *on the job* permitia que os funcionários passassem por diferentes setores da empresa. É o caso de Rubens José Paulella,[1] ex-presidente da Aventis, confirma que a liderança e a área de recursos humanos acompanhavam seu desenvolvimento, mas boa parte de seu crescimento ocorreu como consequência de

1 Rubens José Paulella é economista e administrador de emresas; trabalhou na Rhodia por 35 anos; começou em 1966 na Usina Têxtil Santo André; passou por diversas áreas e cargos até chegar a gerente geral da Rhodia Farma; também foi presidente da Aventis.

desempenhos apresentados nos desafios do dia a dia. E, como vimos no capítulo 1, também eram comuns as transferências internacionais como forma de preparar os melhores técnicos para futuros desafios — Paulella, por exemplo, trabalhou na matriz francesa por aproximadamente um ano.

A companhia não economizava para formar tecnicamente seus funcionários. Certa vez, Penildo Silva, professor titular de Farmacologia da Universidade Federal da Bahia, foi contratado para treinar todos os propagandistas sobre uma nova categoria de medicamentos. Como assessor médico da Rhodia, Penildo também desenvolveu o serviço de Pesquisas Terapêuticas, dedicado à realização de pesquisas. No entanto, a mudança cultural empreendida a partir de meados dos anos 1980 exigia outro tipo de treinamento para viabilizar o plano de tornar a Rhodia uma empresa de classe mundial: era preciso formar profissionais para vendas e marketing, para qualidade dos produtos e dos processos, para um novo estilo de liderança.

Ademir Medina, que atuou na área comercial da Divisão Têxtil de 1976 a 1993, compartilha que, para desenvolver um componente de proteção de produtos agrícolas, cursou marketing rural na Fundação Getúlio Vargas (FGV) durante seis meses. No total, ele fez 48 cursos de formação nos anos em que trabalhou na Rhodia, entre eles, sobre liderança e administração de tempo.

Não há dúvidas de que o PRHOEX está intimamente ligado à nova cara que a Rhodia passou a mostrar nos anos 1990. Para Betania Tanure, o PRHOEX foi uma forma de "embalar uma grande mudança na cultura organizacional, e à medida que a empresa navegava com mais facilidade na gestão com excelência, mais se destacava em relação aos concorrentes. "Franchi concorda e lembra que uma das iniciativas mais inovadoras do programa eram os "multiplicadores", que levavam a nova cultura da empresa de "boca em boca". Assim, a palavra oficial da empresa chegava direto ao chão de fábrica, de maneira estruturada. A pedagoga Cleusa Batista, que foi diretora de recursos humanos na Rhodia-Ster, lembra que eram promovidas dinâmicas para ensinar os engenheiros a usar uma linguagem menos técnica ao falar com os operários. Graças a cuidados como esse, todos sentiam que eram parte da mudança.

Em 1989, a Rhodia fez uma avaliação para checar as impressões dos executivos sobre a nova filosofia organizacional: 60% tinham aderido totalmente, 20% tinham aderido parcialmente e 20% eram contra a mudança. A adesão total de seis em cada dez funcionários era uma boa notícia, mas não impediu que, em 1990, a empresa sofresse os impactos do novo plano econômico do presidente Collor. Musa relatou como a Rhodia enfrentou a situação em sua palestra nos Correios:

> *"Perdemos dinheiro pela primeira vez. Teríamos de fazer uma reestruturação brutal, mas como tivemos anos de preparação, conseguimos fazer isso de uma maneira correta e rápida. Reduzimos em 40% nossos efetivos, perdemos 5.700 pessoas. Foi uma revolução na empresa. Ou seja, a quantidade de funcionários que saíram era similar aos 40% que a avaliação apontou como insatisfeitos com a nova filosofia. Em 1993, voltamos a ser novamente a filial mais rentável do grupo Rhône-Poulenc no mundo, assim como éramos antes da abertura."*

Para chegar à crise de 1990 com capacidade de reação rápida, como menciona Musa, a Rhodia havia investido mais de uma década na formação e retenção de talentos. E isso passava pela introdução, a partir dos anos 1980, de diversas políticas e práticas pioneiras em recursos humanos, área que, em muitas empresas, ainda era chamada de "departamento de pessoal". Todas essas políticas e ferramentas, arrojadas para a época, foram introduzidas durante a gestão da primeira gerente mulher na história da Rhodia, Leyla Zunder. Entre essas novidades, estavam:

1. **PIC - Planejamento Individual de Carreira** - o processo, composto por várias ações, permitia que cada pessoa tivesse seu plano de carreira individual. Todos os colaboradores com nível superior foram submetidos a um questionário que permitia uma reflexão aprofundada sobre interesses de desenvolvimento de carreira na empresa. O PIC era como se fosse um guia para que tanto a hierarquia como a área de recursos humanos soubessem como estimular o crescimento de cada um dentro da empresa. O funcionário podia revisar anualmente seus interesses e, se fosse o caso, alterá-los no sistema.
2. **Avaliação de desempenho** - em paralelo ao PIC, a Rhodia aderiu a instrumentos para mensurar a *performance* qualitativa e quantitativa de cada funcionário. O grande propósito era proporcionar *feedbacks* consistentes sobre a visão que a liderança tinha referente à qualidade do seu trabalho e quais melhorias poderiam ser introduzidas.
3. **Análise de potencial** - a ferramenta levava em consideração as informações apresentadas no PIC e na avaliação de desempenho. Periodicamente, ocorria uma análise feita sobre o colaborador, numa reunião entre seu gerente direto, o superior

hierárquico deste, os pares do gerente e um ou mais clientes internos. Durante aproximadamente uma hora, o grupo analisava o profissional, com base em metodologia desenvolvida na própria Rhodia, que considerava aspectos como capacidade de compreensão, criatividade, inovação e realização, se a pessoa tinha mais aptidões para a carreira gerencial ou técnica — também chamada de carreira em Y. Nessa reunião, era proposto um plano para desenvolvimento e evolução da carreira do colaborador. Vários profissionais tiveram seu talento identificado e reconhecido nessas reuniões de análise de potencial, foram preparados e vieram a ocupar postos de alto nível.

4. **Centro de Avaliação de Potencial -** implantado em 1986, é também conhecido como *Assessment Center*. A ferramenta buscava identificar e desenvolver jovens talentos que se encontravam nos degraus iniciais de sua carreira. Por meio de exercícios simulados e técnicas específicas, aplicados ao longo de dois dias, um grupo de gerentes e profissionais de RH analisava os participantes, dava *feedback* e propunha um plano de desenvolvimento individual de competências.
5. **Plano de Sucessão** - as respostas do PIC, em conjunto com as análises de desempenho e potencial, permitiam também que a Rhodia planejasse, por meio de um comitê formado por líderes e membros de recursos humanos, qual seria sua estrutura organizacional para os próximos três anos. O plano de sucessão contribuía para uma melhor clareza sobre a oferta de talentos dentro de casa. Era também uma forma de a empresa se antecipar às suas necessidades e direcionar a trajetória de cada funcionário dentro da empresa.

Além dessas políticas que favoreciam a retenção e a atração de seus profissionais, a Rhodia tinha ferramentas que fortaleciam sua responsabilidade social. Quando ocorria uma mudança ou fechamento de uma unidade, a empresa preparava seus profissionais com antecedência para que todos pudessem ser acolhidos em novas oportunidades dentro ou fora da empresa. Outro ponto importante na empresa, em especial na década de 1980, era sua política de remuneração agressiva, em geral 25% acima da média praticada pelo mercado. Foi inclusive uma das primeiras empresas no Brasil a introduzir um modelo internacional de avaliação de cargos e salários, o Sistema Hay, que facilitava a comparação de sua prática de remuneração com outras empresas locais e globais.

Com tantas políticas de recursos humanos, a Rhodia tornou-se de fato uma empresa que chamava a atenção do mercado pelo seu potencial de retenção de profissionais. Rubens José Paulella, por exemplo, contou em entrevista para este livro que, bem antes de se tornar líder da Farma nos anos 1990, quase saiu da empresa. Era 1968 e, embora ele fosse um administrador, atuava em uma área técnica da divisão têxtil, rodeado de engenheiros que tinham uma remuneração mais elevada. Na ocasião, ao receber uma oportunidade para trabalhar na americana General Electric (GE), ele procurou seu gestor, o engenheiro francês Jean Avril. O executivo não aceitou sua saída e argumentou: "Você faz parte de um grupo de jovens que estamos desenvolvendo para o futuro da Rhodia. Logo terá um cargo superior".

Paulella aceitou ficar e, tempos depois, passou a compor o grupo de brasileiros que liderava as principais empresas do grupo nos anos 1990. E essa grande habilidade da Rhodia em reter e valorizar seus funcionários chamava a atenção do mercado. Cesar Gomes afirma que a Rhodia sempre foi tida como uma empresa de baixíssima rotatividade, que dava oportunidades efetivas de carreira: *"Os headhunters queriam saber qual era o segredo da Rhodia, pois não conseguiam atrair nossos talentos, como faziam com outras empresas. As relações interpessoais eram mantidas ao longo do tempo. E colegas que saíam da Rhodia costumavam dizer que empresa como a Rhodia não existia".*

Grande com espírito de pequena

Em junho de 1996, seis meses antes de se aposentar, o presidente Edson Vaz Musa enviou a seguinte carta aos gerentes da Rhodia sobre a cultura organizacional da empresa que estava sendo consolidada:

> *"Atuar de forma descentralizada em unidades de negócios que tenham a flexibilidade e a velocidade de resposta das pequenas e médias empresas e, ao mesmo tempo, manter o espírito de grupo, trocando experiências e tecnologias, além de compartilhar casos e serviços. Esta é a filosofia de organização que constitui a base das atividades do Grupo Rhône-Poulenc em todo o mundo e que está sintetizada no lema "une vraie décentralisation dans un vrai groupe"*[1].

1 *"verdadeira descentralização num verdadeiro grupo"*, em português.

Harmonizar os conceitos é difícil, mas fundamental. E você é um elemento básico para que esta nova filosofia da organização Rhône-Poulenc se estabeleça sob a bandeira da Rhodia do Brasil.

Discuta essa questão com seus liderados e fique atento para que eles entendam e pratiquem esse princípio que é o de reunir a competência de um grande Grupo com a dinâmica de pequenas empresas em seus mercados."

A carta de Musa registra uma prática que já era habitual no Grupo Rhône-Poulenc. A Rhodia-Ster, por exemplo, embora tenha sido desenvolvida como uma empresa independente, pôde contar com a tecnologia e o conhecimento do grupo durante uma crise. Nos idos de 1998, a fábrica de Poços de Caldas apresentava índices de refugo preocupantes e produtividade abaixo do esperado, além de dificuldades administrativas. Walter Cirillo, presidente da Rhodia-Ster na época, sabia que, para ter resultados melhores, precisava rever processos e reorganizar a estrutura. Raffaele Franchi, então diretor industrial global da Rhodia, foi convocado pelo grupo para uma exaustiva intervenção, envolvendo todos os colaboradores. Franchi replicou o modelo de gestão industrial que já era sucesso em outras unidades da empresa pelo mundo. Era o lema "verdadeira descentralização num verdadeiro grupo" colocado em prática mais uma vez.

As cooperativas da Rhodia

A primeira cooperativa do Brasil foi criada em Ouro Preto, Minas Gerais, em 1889, com o nome de Sociedade Cooperativa Econômica dos Funcionários Públicos de Ouro Preto. Era focada no consumo. Foi só em meados do século passado, porém, que o sistema se desenvolveu. A Lei que regulamenta o sistema cooperativo no país data de 1971. A Rhodia acompanhou o movimento, criando duas cooperativas para apoiar seus funcionários, uma de consumo e outra de crédito. Ainda em 1954, nasceu a Cooperativa de Consumo dos Empregados do Grupo Rhodia (Cooperhodia) que vendia de alimentos a roupas e eletrodomésticos para os funcionários que aderiram ao cooperativismo.

Cooperativa de Consumo dos Empregados do Grupo Rhodia, criada em 1954: inovação nos benefícios aos funcionários

Cooperhodia, em 1976: com novo nome, a cooperativa de consumo passa a atender também a comunidade

Tempos depois, em 1976, a Cooperhodia abriu-se para moradores das regiões em que estava presente. Os produtos eram colocados à venda com margem em torno de 10%. Esse adicional era utilizado para o pagamento de custos diretos e indiretos, tais como o salário dos funcionários, manutenção, água e luz. O que sobrava era aplicado em benfeitorias ou devolvido aos cooperados, na proporção de 1% a 2% sobre suas compras anuais. Nas prateleiras, era possível encontrar uma diversidade de produtos a preços baixos. Reportagem publicada na *Revista Rhodia Atualidades* em 1986 informa que a Cooperhodia era a 14ª maior empresa de supermercado do país.

Antônio José Monte, que entrou na Rhodia aos 16 anos em 1963 para trabalhar na área fiscal, tornou-se presidente da Cooperhodia em abril de 1996. Naquele momento, as dez unidades empregavam três mil colaboradores. Os cooperados eram 300 mil. Monte contou, em entrevista para este livro, que, com o aumento da concorrência, a cooperativa passou a ser administrada como uma empresa independente da Rhodia: mudou o nome para Coop - Cooperativa de Consumo, com identidade visual e gestão próprias. Também lançou um catálogo com 300 produtos de marca própria. A Coop permanece ativa até hoje, com 32 supermercados, 77 drogarias e três postos de combustíveis, que atendem 850 mil cooperados ativos.

A Cooperativa de Economia e Crédito Mútuo dos Empregados do Grupo Econômico Rhodia (Credirhodia) foi fundada em 1961, em Santo André. Foi uma das primeiras cooperativas de crédito de São Paulo. Os cooperados podiam tomar empréstimos em folha de pagamento com taxas de juros mais amenas que as praticadas pelo mercado, já que se tratava de uma instituição financeira sem fins lucrativos. A devolução do empréstimo podia ser feita em 12 parcelas. A iniciativa destacou-se ao longo dos anos pelas vantagens que o sistema oferecia, em que os participantes podiam adquirir cotas para aderir à entidade e, assim, tornavam-se, ao mesmo tempo, clientes e donos da instituição. A Credirhodia atualmente é filiada ao Sicoob (Sistema de Cooperativas de Crédito) e mantém sua unidade central em Santo André.

CAPÍTULO 5

Gestão à brasileira

Reza a boa prática da governança corporativa que as empresas devem ter um conselho de administração ou, pelo menos, um conselho consultivo. No primeiro caso, o objetivo é garantir a sustentabilidade do negócio em médio e longo prazos. No segundo, é auxiliar os tomadores de decisão a justamente tomar melhores decisões. Mas o que fazer quando o conselho não aconselha nem decide? Pois, em meados dos anos 80, a Rhodia tinha um conselho de administração, e é assim que Musa se lembra dele:

> *"Quando eu fui eleito presidente da Rhodia, havia um Conselho de Administração que era absolutamente inadequado do ponto de vista do negócio, do ponto de vista do business. Esse Conselho de Administração não tomava decisão nenhuma, tudo vinha da matriz. Era mais do que proforma, era unicamente para se relacionar com a política brasileira."*

Golbery do Couto e Silva, homem-forte dos governos Geisel e Figueiredo, era um dos membros do grupo. General e um dos criadores do Serviço Nacional de Informações (SNI), Golbery havia sido presidente da multinacional americana Dow Chemical de 1968 a 1973. Entendia, portanto, da indústria química, uma das principais atividades da Rhodia. Mas não era por esse motivo que estava no conselho da empresa. Era pela sua influência em Brasília. A prática de criar conselhos figurativos não era exclusividade da Rhodia. O próprio Golbery estava em outros conselhos de multinacionais. Quando assumiu a empresa, em 1984, Musa decidiu extinguir o grupo. Afinal, pensou ele, as diretrizes e a estratégia vinham todas da matriz.

Segundo o IBGC[1], a missão de um Conselho de Administração é:

> *... proteger e valorizar o patrimônio, bem como maximizar o retorno do investimento, devendo ter pleno conhecimento dos valores da empresa, dos propósitos e crenças dos sócios e zelar pelo seu aprimoramento. Com isso, cabe ao Conselho também prevenir e administrar situações de conflitos de interesses ou de divergência de opiniões a fim de que o interesse da empresa sempre prevaleça, garantindo um bom relacionamento entre a organização e stakeholders.*

Já o conselho da Rhodia, como descreve Musa, exercia um papel bem diferente:

> *"Era uma perda de tempo, custava dinheiro, e, como presidente, eu tinha de participar das reuniões e almoços com eles. Já que não servia para nada, cortei. Teve gente dentro da empresa, inclusive tem um amigo meu íntimo, que ficou horrorizado, dizendo que eu estava acabando com uma tradição. Essa noção de Conselho de Administração como governança não existia, era apenas consultivo."*

O conselho, por exemplo, nem chegou a ser consultado sobre a indicação de Musa para presidente da filial. No entanto, esse tipo de conselho, sem as funções estratégicas como conhecemos hoje, era comum nas multinacionais daquela época. Os cargos eram preenchidos por representantes do Governo Federal, e, embora não usassem esse termo, tinham a função de fazer *lobby* em Brasília. O Código das Melhores Práticas sobre governança corporativa[2] só seria lançado pelo IBGC[3] no final dos anos 1990 e foi definida como:

> *"... o sistema pelo qual as empresas e demais organizações são dirigidas, monitoradas e incentivadas, envolvendo os relacionamentos entre sócios, conselho de administração, diretoria, órgãos de fiscalização e controle e demais partes interessadas. As boas práticas convertem princípios básicos em recomendações objetivas, alinhando interesses com a finalidade de preservar e otimizar o valor econômico de longo prazo da organização, facilitando seu acesso a recursos e contribuindo para a qualidade da gestão da organização, sua longevidade e o bem comum."*

---

1 O Instituto Brasileiro de Governança Corporativa (IBGC) foi criado em 1995.

2 A primeira edição do Código do IBCG foi lançada em 1999 e a mais recente, em 2013 (5a edição).

3 IBGC - Fonte: https://www.ibgc.org.br/conhecimento/governanca-corporativa

A existência desse conselho fictício não quer dizer que, no seu dia a dia, a Rhodia não observasse práticas que definem a governança. Uma prova disso pode ser encontrado no resultado de diagnóstico feito em 1998 para detectar traços da cultura organizacional. Ao mesmo tempo em que mapeou um estilo gerencial centralizador e paternalista, a sondagem confirmou que o valor moral mais predominante internamente era o "respeito à ética". Nas longas discussões do PRHOEX[1] sobre a mudança organizacional que estavam promovendo, um dos grupos de estudo chegou a propor um texto que deveria nortear as ações da empresa: "De forma ética e obstinada devemos perseguir a excelência em todos os setores onde atuamos para garantir a perene preferência de nossos clientes, o bem-estar e prosperidade dos nossos empregados e a correta lucratividade dos nossos negócios.

Havia uma cultura corporativa de agir com ética nos negócios e de atuar com respeito a clientes, fornecedores e funcionários. O que a Rhodia não tinha até meados dos anos 1980 era autonomia para tomar decisões locais. Tudo vinha da matriz. Três fatos mudaram essa dependência dos franceses. O primeiro, era a dificuldade de os estrangeiros entenderem a realidade do Brasil dos anos 1980. A hiperinflação, com aumentos de preços de até 3% ao dia, inviabilizava qualquer plano concebido na calmaria dos escritórios franceses. O segundo fato atendia pelo nome de Jean Michel Romano, que presidiu a companhia até o início dos anos 1980. Segundo Farid Nasser Chedid que, durante seus mais de 30 anos de Rhodia, foi gerente-geral da Divisão Farmacêutica e esteve à frente da área de Recursos Humanos, Romano, embora francês, era "mais brasileiro que muitos brasileiros" e não acatava cegamente todas as determinações recebidas da matriz.

Farid contou em entrevista para este livro que Romano chegou a dizer a membros do Comitê Executivo da Rhône-Poulenc que os melhores executivos entre todas as filiais do mundo eram os brasileiros. Claro, Romano tinha resultados financeiros para mostrar e isso, em qualquer lugar, conquista respeito. Em média, o Brasil respondia por 30% do lucro da matriz. Em alguns anos, chegou a responder pela metade. As particularidades do mercado local e os bons resultados obtidos davam credibilidade à gestão da Rhodia, mas há um terceiro fator na conquista da autonomia tão desejada pelos brasileiros: Edson Vaz Musa. O brasileiro assumiu a Rhodia com uma postura ainda mais independente do que Romano.

---

1 Saiba mais sobre o PRHOEX no capítulo 04.

O fim do conselho foi apenas uma das suas demonstrações de força. Não deixou ainda que a matriz se desfizesse de negócios locais menos lucrativos, como estava fazendo em outros países. E também interferia nos conflitos provocados pelo modelo matricial de gestão[1], que levou os gestores a ter um chefe alinhado ao negócio e outro local para as questões como recursos humanos. Rubens José Paulella em determinado momento passou a se reportar a Musa no Brasil e a um líder global da divisão farmacêutica.

O resultado é que, em vez de ser influenciado pelos franceses, o Brasil passou a influenciá-los. Dois anos depois de assumir a Rhodia, Musa foi alçado a membro do Comitê Executivo do Rhône-Poulenc, que se reunia em Paris, na França. "No Brasil, quem manda sou eu", declarava. Suas décadas de vida dedicadas à Rhodia permitem a Walter Cirillo formar uma boa visão do grupo:

> *"A Rhodia Brasil era considerada a unidade que mais facilmente se adaptava a qualquer modernização que viesse de fora, graças à sua agilidade. Isso fazia com que evoluíssemos e reagíssemos rápido. Tínhamos exemplos do resto do mundo que ficavam patinando eternamente... dificilmente outra unidade teria sofrido o impacto da hiperinflação e da abertura de fronteiras em 1990, passando incólume, e ainda saído no fim melhor do que entrou[2]. E foi o que aconteceu por aqui."*

Em 1986, Musa foi o primeiro brasileiro a integrar a gestão internacional da empresa. Como membro do Comitê, ele supervisionava toda a área de engenharia e pesquisa mundial, os escritórios internacionais[3] e as atividades da América Latina e da Península Ibérica, o que trouxe ainda mais autonomia para a liderança no Brasil. Todo mês, ele trabalhava 15 dias no Brasil e 15 dias na França. A escolha era incomum, já que membros do comitê, em geral, se mudavam definitivamente para Paris. As particularidades do mercado local e os bons resultados obtidos davam credibilidade à gestão da Rhodia. E foi isso que viabilizou que Musa acumulasse os dois cargos.

---

1 Modelo de gestão em que as relações de subordinação estão configuradas numa estrutura de matriz, isto é, os colaboradores estão afetos a uma subordinação dupla.

2 A Rhodia fez seu melhor resultado da história em 1989 e ainda o ultrapassou em 1993.

3 Os escritórios internacionais das filiais da Rhône-Poulenc que não tinham atividade industrial (eram somente comerciais) eram chamados de Direção de Assuntos Internacionais (DAI).

A sucessão de um líder

Historicamente, a Rhodia não estabelecia uma idade limite para a aposentadoria de seus executivos. Eles poderiam ficar nos cargos quanto tempo quisessem — ou seu chefe permitisse. Não havia idade para sair. Musa decidiu mudar a regra e estabeleceu que sairia aos 58 anos — e cumpriu. Alguns pontos o levaram a definir tal idade, válida para todos os funcionários da empresa. O primeiro era que a maioria dos profissionais da casa entrava na empresa por volta dos 23 anos — ao se formarem — e, aos 58 anos, já teriam acumulado 35 anos de trabalho, o que lhes permitiria uma aposentadoria baseada no plano integral da cooperativa da empresa. Outro ponto era a necessidade de renovação nos cargos de liderança, forçando a aposentadoria dos que já ocupavam esses cargos há muito tempo — era necessário alternar a gestão e os que estavam não se afastariam por outra razão. Além disso, Musa, sempre determinado, não pretendia ficar mais de dez anos no cargo e precisava preparar um sucessor, já que na Rhodia todos os funcionários do alto escalão faziam carreira na empresa, ou seja, nunca eram recrutados no mercado.

Farid liderava o RH quando o presidente Musa, já próximo de alcançar esse limite de idade, o chamou para tratar do seu plano de sucessão, dizendo:

"Eu estou preparando minha substituição e, provavelmente, vai ser o Grubisich." E me disse: "só nós dois sabemos, nem ele pode saber!"

A aposentadoria da Rhodia

Acompanhe a evolução do plano de aposentadoria da Rhodia:

- Década de 1970: com a "Aposentadoria Rhodia", os funcionários que tinham certo tempo de casa ganhavam dois anos de salário e gratificação extra. Para os mais antigos, existia a chamada aposentadoria centenária: se a idade do funcionário somada à quantidade de anos que trabalhou na empresa fosse igual ou superior a 100 anos, ele tinha direito a se aposentar com 100% do salário que recebia. Posteriormente, o modelo foi alterado para 60% do salário e o saque do fundo de garantia.

- Década de 1980: é criado o IRSS (Instituto Rhodia de Seguridade Social), que oferecia um plano básico de aposentadoria complementar com opções de benefícios adicionais.
- Década de 1990: após a fusão da Rhône-Poulenc com a americana Rorer, os funcionários da Rhodia Farma passaram a integrar o Planejar, para o qual foram transferidos os valores que já haviam acumulado no IRSS. A Rhodia-Ster teve outro plano exclusivo, o Brasilprev.
- 1996: o IRSS lançou o plano suplementar, aberto a todos os empregados, pelo qual a Rhodia complementava a aposentadoria do empregado.
- 2001: o IRSS muda para PRhosper Previdência Privada.
- 2017: é criado o SolvayPrev.

E foi assim que Farid ganhou a missão de cuidar da primeira sucessão presidencial da Rhodia 100% nacional. Naquele momento, José Carlos Grubisich[1] ocupava o cargo de diretor geral da Rhodia Agro — e ficaria lá até que Musa resolveu oficializar que ele seria seu sucessor. Musa deixou a presidência da Rhodia com exatos 58 anos, 11 meses e 25 dias, em 31 de dezembro de 1996. Para Betania Tanure, que por muitos anos deu consultoria para a Rhodia, a sucessão de Musa foi tranquila e ocorreu conforme era esperado:

"Por definição, não era fácil ser sucessor do Musa. A escolha, na ocasião, pareceu-me equilibrada. O Grubisich também tinha competências de gestão e liderança. Musa foi sábio ao sair de cena em 1996. As empresas, de maneira geral, não evoluíram nesse ponto."

Gestão com transparência e ética

Atualmente, as áreas de compras ganharam nomes como *supply chain* e muito poder na estratégia das empresas. Afinal, elas centralizam, pelo menos nas grandes corporações, toda a aquisição de suprimentos. De um clipe de papel a uma máquina gigantesca, tudo passa pela área. Lidam com bilhões de dólares. Não era assim nos anos 1980. Na Rhodia, era um patinho feio, com pouca visibilidade, e foi assim até que os

1 José Carlos Grubisich foi presidente da Rhodia de 1997 a 2000, mantendo suas responsabilidades de Diretor Geral da Zona Química América do Sul.

holofotes se voltaram para ela. Marcos Curti, que entrou na Rhodia em 1990 e chegou a ocupar o cargo de vice-presidente das Operações de Poliamida nas Américas, conta:

"Havia uma reestruturação da ordem mundial dos negócios que exigia que a empresa estivesse mais aberta ao ambiente mundial. E daí a área de compras passou a ser percebida como chave para a competitividade. A descoberta de desvios éticos e outras coisas tornaram-se um gatilho para uma reorganização."

Esse novo olhar sobre compras exigia um novo tipo de profissional. Não apenas quanto às competências, mas também quanto às atitudes éticas. A combinação das duas coisas teria sido a causa, segundo Albino Nadaes Campos, que trabalhou na gerência de administração de materiais, da demissão de uma equipe de compras praticamente inteira. Promovido com a incumbência de dar uma nova cara ao setor, o executivo Eduardo Nunes Gusso[1] agiu com transparência: elaborou um organograma com todos os colaboradores, conversou individualmente com cada um e identificou aqueles que tinham uma postura inadequada. No final, ficaram apenas os que realizavam um trabalho de qualidade e dentro dos valores éticos rhodianos. Para reestruturar a área, a Rhodia investiu inclusive em treinamento, conforme Albino comenta:

"Nós tivemos muitos treinamentos, além de consultores externos que vinham fazer seminários. Trouxemos, por exemplo, uma metodologia nova dos Estados Unidos, o reverse marketing, que era fazer as compras com um olhar de vendas e marketing. A ideia era entender o mercado fornecedor antes de elaborar o plano estratégico de compra."

A área de compras passou por um processo de transformação. Antes, não estava atrelada ao negócio e apenas comprava o que lhe era solicitado. Depois, foi integrada à estratégia, negociando sempre as melhores condições de compras e custos, respeitando códigos de ética e de conduta. Certo dia, essa mudança foi colocada à prova. Um dos funcionários da área de Administração de Materiais chegou para o seu líder e disse:

— "Olha, ontem eu tive uma reunião com um fornecedor, o cara chegou com uma folhinha de cheque virada pra baixo e começou a conversar, aí conversa vai..."

---

1 Trabalhou na Rhodia nos anos 1980 e 1990.

Como havia um clima de transparência, o fornecedor foi chamado para conversar. Confrontado com a tentativa de suborno, disse:

— *"Você me desculpa, mas a praxe do mercado é essa."*

Era o próprio dono da empresa, que numa conversa muito transparente e franca entendeu e elogiou a nova postura da empresa e, a partir desse fato, tornou-se um dos melhores fornecedores da Rhodia na época. Na mesma época, outra empresa foi eliminada da posição de fornecedora da Rhodia: nas entregas, o caminhão entrava e saía duas vezes — sem descarregar, ou seja, "vendia" cada produto em duplicidade. Esse caso acarretou a demissão de alguns funcionários da área de Compras e evidenciou a necessidade de melhorias nos processos da área.

Em determinado momento, a Rhodia chegou a ter nove sistemas de compras que não conversavam entre si, sendo um para cada unidade fabril. Isso tornava complexo, por exemplo, saber quanto cada fornecedor vendia para a empresa toda e se as negociações eram equilibradas. A primeira iniciativa para centralizar os dados da área de compras chamava-se GECAM. Segundo relata José Arnaldo D'Aurea, que entrou na Rhodia em 1976, consistia apenas em um sistema contábil, sem dar suporte à gestão das informações da área. Ele foi usado até 1990, quando a Rhodia desenvolveu uma solução mais completa chamada SAM, que controlava a área de compras como um todo, desde a classificação dos materiais até a gestão dos fornecedores. Franz Crhak, que trabalhava na área de sistemas de informática, conta que automatizava inclusive as cotações:

"O SAM atualizava os preços diariamente com base na inflação e compreendia que alguns materiais eram negociados em dólar e outros em moeda brasileira."

No fim dos anos 1990, a Rhodia passou a ser uma empresa ISO 9000, certificado internacional de qualidade. Para aprimorar a qualidade dos processos de compras, foi criada a Gerência de Administração de Materiais (GAM), que funcionava na sede da empresa, como uma prestadora de serviços para a negociação com fornecedores. Vilien Soares, então coordenador da implantação das normas ISO na Rhodia, em entrevista para a revista *Rhodia Atualidades*, esclarece a decisão:

"O caminho para a excelência passa, necessariamente, por um sistema de qualidade. A ISO 9000 constitui parte da filosofia gerencial do PRHOEX."

A implantação das normas ISO 9000 exigiu a revisão de todo o processo de produção da Rhodia. Uma a uma, as unidades foram sendo certificadas. Havia na Rhodia o entendimento de que essa exigência mundial faria diferença para os negócios. Para obter a certificação, era preciso definir atribuições, responsabilidades e formalizar todos os procedimentos que envolvem a produção e comercialização dos produtos. No final, o que se obteve, além de profundo envolvimento de todos no processo, foi um alto nível de transparência na gestão da empresa. E transparência é um dos requisitos para se ter governança corporativa.

Tomar decisões que levem em consideração o "valor econômico de longo prazo" e a "longevidade" do negócio é um desafio para executivos de todos os calibres. A tentação de olhar apenas o curto prazo pode ser grande. Certa vez, os dirigentes da Rhodia foram colocados diante desse dilema. Em determinado momento, a empresa resolveu entrar no varejo porta a porta com a linha Isabelle Lancray, do segmento de cosméticos, marca importada da França, mas com produtos fabricados no Brasil. Entretanto, um acontecimento vivido por outra empresa foi um dos fatores que levaram a uma mudança de planos, como Edson Musa conta:

> *"Na época, surgiu uma notícia no Brasil contra a Kibon, que vendia seus picolés nas carrocinhas na praia. Em processo na Justiça do Trabalho, os vendedores estavam reivindicando os direitos trabalhistas, como se fossem funcionários. Eram dois milhões e tantos de pessoas envolvidas. Foi um pânico danado. Na Isabelle Lancray, tínhamos as representantes de vendas e já estávamos com uma quantidade considerável. Manter isso poderia nos gerar um passivo trabalhista gigantesco. Logo depois, a Justiça negou a causa, mas foram os sorveteiros da Kibon que fizeram a gente parar com a venda direta de cosméticos."*

Entre ganhos de curto prazo e zelar pela longevidade do negócio, Musa não teve dúvidas: escolheu preservar o futuro da Rhodia. Seus antecessores, provavelmente, teriam feito o mesmo.

A construção de uma marca – reflexos no contexto externo

CAPÍTULO 6

Diálogo com a sociedade

Em 1984, o Brasil sonhava com mudanças. Sob muitos aspectos, aquele foi considerado o ano da virada. Virada da ditadura para a democracia. Virada para um PIB positivo depois de três anos em queda. Virada nas expectativas olímpicas: as oito medalhas conquistadas em Los Angeles foram nossa melhor marca até então. Havia, portanto, um clima de recomeço, de certa esperança, de que a democracia estava sendo restaurada. Foi nesse contexto, enquanto as ruas ainda fervilhavam com as manifestações em prol das Diretas Já, que o Grupo Rhône-Poulenc decidiu, depois de mais de seis décadas no país, nomear o primeiro brasileiro para tocar seus negócios por aqui. Edson Vaz Musa assumiu a Rhodia com apenas 45 anos[1] — e logo nos primeiros meses — ao contrário de seus antecessores e pares do mercado — mostrou que não tinha medo de exposição.

Edson Vaz Musa à esquerda, Jean Avril, à direita

Cheio de ideias próprias, cultivadas no curso de engenharia aeronáutica do ITA e amadurecidas em sucessivos cargos dentro da Rhodia — seu único emprego —, Musa queria que 1984 significasse o ano da virada também dentro da Rhodia — especialmente na imagem que queria construir para a empresa. Para começar, quando o jornalista Jaime de Matos, da *Folha de S. Paulo*, o procurou para comentar a situação econômica do país, ele decidiu falar.

1 Edson Vaz Musa nasceu em Ribeirão Preto em 5 de janeiro de 1938.

Seus antecessores franceses, como era praxe para todos os demais estrangeiros que presidiam as multinacionais no país antes da redemocratização — temerosos de problemas com os governos —, teriam recusado. Em 21 de outubro, ele é citado na reportagem *Empresariado Está Animado com a Recuperação* ao lado do então presidente da Ford no país, o americano Robert Gerrity. Diz a *Folha*:

> *"Sem dúvida, o pior já passou", concorda Edson Vaz Musa, presidente da Rhodia. "Nessa fase 'pior'", lembra Musa, "as empresas ineficazes fecharam as portas e coube à população 'encaixar' os apertos feitos pelo governo. Tanto as companhias que ficaram, quanto os trabalhadores, merecem colher agora os frutos de seus sacrifícios."*

Era uma citação rápida, pequena, mas que despertou o apetite do executivo brasileiro pela comunicação corporativa — aquela que faz a comunicação institucional da marca com os diversos *stakeholders* da empresa, sejam eles internos, sejam externos. E ele encontrou na Rhodia o ambiente favorável para se expor. A empresa já vinha internamente se preparando para a abertura. Em 1982, havia contratado o jornalista Walter Nori como gerente de comunicação social. Nori, que tinha 38 anos e vinha de uma experiência de dez anos na Volkswagen, conta como foi a mudança de postura:

> *"Naquela época, as empresas não gostavam de serem vistas como multinacionais. Todo mundo tentava parecer nacional. O clima, devido à ditadura, era favorável para que um executivo gringo que não queria falar muito, realmente não falasse. E era o que a matriz da Rhodia orientava: 'Não se meta nisso porque é assunto interno do país. Vamos trabalhar, faturar e acabou'. Quando veio o final da ditadura, com o Musa sendo brasileiro, a coisa foi mudando. Brasileiros têm mais autoridade para falar do que um gringo sobre o que está se passando no país."*

Walter Nori[1] assumiu a comunicação social da Rhodia, a convite do então diretor-superintendente Jean Avril[2], a quem Musa sucedeu, com o

---

1 Walter Nori é jornalista e trabalhou nos jornais *O Globo* e *Folha de S. Paulo*. Foi assessor de imprensa do Consulado Britânico de São Paulo e da Secretaria da Agricultura do Estado de São Paulo. Nos anos 1970, foi Secretário de Imprensa do Governador do Estado de São Paulo, Egídio Martins. Em 1982, entrou na Rhodia como gerente de comunicação social e ali permaneceu até 1988. Na sequência, já nos anos 1990, foi vice-presidente de Comunicação Corporativa da Scania Latin America e vice-presidente da Comunicação Corporativa da Embraer.

2 Jean Avril foi um engenheiro químico francês formado pela Escola de Química de Nancy. Atuou na Rhodia durante 38 anos em diversos países, tendo sido superintendente e presidente-executivo da Rhodia de 1981 a 1984. Faleceu em São Paulo em 2013.

desafio de dar início a uma estratégia adequada para equilibrar, de um lado, o desejo da empresa de se comunicar com o mercado e, de outro, aproveitar de maneira positiva a carência que os veículos de comunicação tinham por fontes corporativas. Avril entendia que a Rhodia precisava se preparar internamente para iniciar uma estratégia de relacionamento com a imprensa. O fim da ditadura, mesmo sem as sonhadas diretas para presidente, mostrou-se a hora certa para "virar a chave".

A pedido de Avril, Nori deveria tornar a empresa uma referência para o mercado. Mas, para isso, havia antes uma lição de casa a ser feita, que ele sabia que não seria simples: reverter a cultura interna de "não falar" com ninguém de fora. O foco dos líderes até então consistia em aplicar o conhecimento tecnológico, garantir processos de excelência e obter o resultado financeiro esperado pela matriz. Tudo isso tinha a ver com a cultura organizacional da Rhodia cultivada desde 1919. Portanto, antes de dialogar com os *stakeholders* externos, era preciso mudar internamente.

A reestruturação interna

Até o começo dos anos 1980, a Rhodia estava organizada basicamente em três negócios: química, têxtil e farmacêutica/saúde. Cada qual cuidava da sua comunicação. Por razões diversas, decidiu-se por uma nova estrutura corporativa, com novas divisões dedicadas a finalidades específicas, como produção de plásticos e produção de fios sintéticos. Perdeu sentido manter a comunicação descentralizada. Assim, as áreas de comunicação e marketing, antes espalhadas pelas divisões, foram unificadas na matriz, em São Paulo.

A nova área de Comunicação Social[1] nasceu com o propósito de fomentar as ações de comunicação interna e externa da empresa. Nori convidou para cuidar do marketing o executivo Rubens Hannun[2], que atuava antes como chefe de assuntos de marketing *social* e publicidade na divisão têxtil, e Otávio Bueno da Fonseca[3], recrutado no mercado, para o relacionamento com a imprensa.

---

1 A nomenclatura atual mais comum é Comunicação Corporativa.

2 Rubens Hannun é formado em Administração de Empresas pela Universidade de São Paulo. Entrou na Rhodia em 1976, tendo exercido cargos como Gerente de Serviços de Mercadológicos e Gerente de Comunicação Social da indústria têxtil, antes de trabalhar em parceria com Walter Nori até 1988.

3 Otávio Bueno da Fonseca é jornalista e, antes de trabalhar na Rhodia, havia sido assessor de imprensa da Volkswagen do Brasil e atuado em veículos como *O Globo* e *Shopping News*.

Dois passos para a frente, um para trás

O movimento empreendido por Nori e sua equipe encontrou respaldo na percepção já consolidada na Rhodia de que, antes de colocar a mensagem na rua, era necessário aprimorar a estrutura interna. Essa constatação veio logo no primeiro grande passo de comunicação com o mercado dado pela Rhodia, quando Edson Vaz Musa ainda era diretor da área têxtil. Muito jovem e sempre aberto a inovações, em 1981, ele liderou o desenvolvimento de um canal de comunicação direto com o consumidor final. A campanha "Você fala, a Rhodia escuta" foi a primeira em que a empresa abria o acesso direto externo à sua equipe — só que ninguém havia sido preparado para esse atendimento.

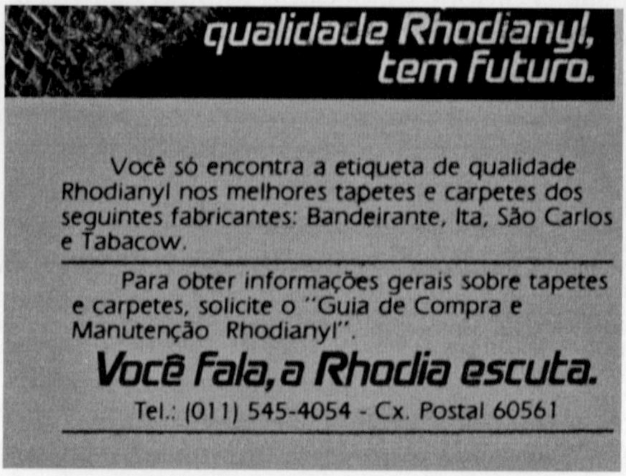

"Você fala, a Rhodia escuta": política precursora de relacionamento da indústria com o consumidor final

A campanha consistia em colocar mensagens nas etiquetas que iam nas peças elaboradas com seus tecidos, como o Tergal — aquele que não amassa, sobre o qual falamos no capítulo 1, lembra-se? Foi inserida uma frase que motivava as pessoas a entrarem em contato com a Rhodia por telefone, carta ou telegrama, caso tivessem sugestões, reclamações ou algo a dizer. Além da etiqueta nas roupas, foram realizados anúncios em revistas. Um deles dizia:

> *"O consumidor está falando, sugerindo, perguntando, informando, orientando, participando ativamente, por telefone, cartas e telegramas, de um processo inteiramente novo que está revolucionando a indústria têxtil. Ao adquirir um artigo têxtil com as etiquetas de qualidade Rhodia, o consumidor, além da certeza de estar comprando com mais segurança*

um produto atualizado e de qualidade comprovada, também tem as vantagens da Valorização do Consumidor.
Cada uma dessas etiquetas traz o número de um telefone e de uma caixa postal para onde o consumidor pode telefonar ou escrever. O atendimento é pessoal, humano, procurando esclarecer ou auxiliar o consumidor em todos os casos.
Sugestões de cores, manutenção, produtos novos e orientação sobre compra são algumas informações que o consumidor obtém quando fala com a Rhodia.
A existência de um consumidor que se manifesta é a prova de que vivemos um novo tempo. Para a Rhodia, a pessoa vale pelo que pensa, e não só pelo que compra."

Para Musa, embora não fabricasse os produtos que chegavam às mãos dos consumidores, a empresa tinha uma grande responsabilidade, pois produzia a matéria-prima que os compunham. Ele descreve assim aquele momento:

"A Rhodia tinha um produto, colocava na porta do cliente (indústrias) e não queria saber de mais nada, o problema não era nosso. Era a mentalidade da empresa industrial. Então, começamos com esse negócio "Você fala, a Rhodia escuta" para falar direto com o consumidor. Na realidade, quando começou esse negócio de Customer Oriented, a Rhodia era uma empresa de engenheiros, de cintura dura, porque fomos treinados para olhar para dentro, para obedecer ao processo. Esse era o contexto que tínhamos de mudar."

A "Você fala, a Rhodia escuta" pode ser considerada uma ação precursora de relacionamento da indústria com o consumidor final. Era um momento em que o mercado ainda mantinha uma postura unilateral com quem consumia seu produto ou serviço. O Código de Defesa do Consumidor, que tornaria essa uma prática obrigatória, só seria formalizado em 1990. A iniciativa da Rhodia era tão inusitada que jornalistas se passavam por consumidores para se certificar de que havia atendimento do outro lado da linha.

A campanha apresentou resultados rápidos a ponto de ser estendida para outros produtos, como remédios e insumos agrícolas. Por outro lado, expôs a necessidade de uma estrutura interna, treinada e dedicada, para fazer os atendimentos. E, aos poucos, foi sendo criada uma espécie de CENTRAL DE ATENDIMENTO AO CLIENTE, que atualmente seria apelidada de SAC.

Durante os primeiros anos, conforme lembrou Rubens Hannun, em entrevista para a elaboração deste livro, foi imprescindível realizar um intenso treinamento para que os funcionários soubessem como realizar adequadamente o atendimento das ligações. Os líderes e as equipes de cada fábrica foram treinados para oferecer respostas coerentes. Um curso, em especial, chama a atenção: ensinava o funcionário a se colocar no lugar do consumidor, a ouvir com empatia e a buscar soluções adequadas.

Era a primeira vez que a Rhodia era treinada a falar com o mercado. Por isso, os treinamentos serviram também para acelerar a comunicação interna entre os negócios, que muitas vezes atendiam um mesmo cliente, mas não conversavam entre si. À medida que as áreas foram interagindo mais, tornou-se possível, por exemplo, otimizar procedimentos internos e reuniões com clientes.

Hannun conta que, durante esse processo, a Rhodia foi mostrando para as pessoas que elas tinham o direito de saber as coisas, mas também tinham a responsabilidade de representar a Rhodia da porta para fora:

> *"Teve toda uma conscientização 'você é responsável, você é uma pessoa que faz parte do processo'. Isso era uma coisa muito legal na Rhodia: quando fazia, fazia mesmo e fazia bem feito. Não era uma coisa só para inglês ver, não. Então, tudo era muito preparado, muito discutido, muito treinado por todo mundo."*

O núcleo de valorização do consumidor

A ansiedade da Rhodia em se relacionar com o consumidor teve mais um capítulo em 1984 com a criação do Núcleo de Valorização do Consumidor. A ideia era padronizar o canal de comunicação entre a empresa e seu público final. A engenheira de alimentos Maria Lucia Zulzke[1], que trabalhava no Serviço de Proteção ao Consumidor de São Paulo (Procon), assumiu a liderança do Núcleo. O que chamava a atenção era o cargo que ela recebeu: *ombudsman* — quer dizer, por se tratar de uma mulher, *ombudswoman*. O título resumia uma solução de relacionamento centralizada que já era praticada nos Estados Unidos e por alguns varejistas no Brasil. Na indústria, porém, era a primeira vez que uma empresa tinha essa abertura com seus clientes indiretos.

---

1 Maria Lucia Zulzke é formada em engenharia de alimentos pela Universidade Estadual de Campinas. Foi coordenadora da área de alimentos e pesquisas técnicas do Procon-SP de junho de 1976 a março de 1985. Em abril de 1985, entrou na Rhodia como *ombudsman*, permanecendo no cargo até janeiro de 1991. Em 1997, lançou pela editora Qualitymark o livro *Abrindo a Empresa para o Consumidor*.

Zulzke, embora fosse uma funcionária da Rhodia, tinha o papel de defender internamente os consumidores como se suas reclamações fossem dela. E brigava até encontrar soluções e respostas. O objetivo da ouvidoria, na visão da presidência, era colocar todos os funcionários para trabalhar "direito", seguindo os padrões de excelência e qualidade da organização.

A *ombudswoman* atendia uma média de 100 sugestões e reclamações por mês. Com essa ação, a Rhodia consolidou sua imagem de companhia aberta ao diálogo, tornando-se inclusive referência de atendimento ao cliente no mercado. Logo, outras empresas, dos mais variados segmentos, a seguiram.

O plano de comunicação social

Consolidado um canal de comunicação com o consumidor final, chegou o momento de realmente preparar a empresa para falar com a imprensa. No começo, as ideias para implementar esse relacionamento seguiam a lógica comum da maioria dos jornalistas. Nori, jornalista que havia feito carreira em grandes jornais, não era lá muito adepto a formalidades e planos estruturados. Ele conta que toda a estratégia de comunicação da Rhodia começou a ser escrita a quatro mãos com Otávio Bueno da Fonseca, responsável pelo relacionamento com a imprensa, literalmente, em guardanapos de papel, entre chopes e petiscos, no bar Yramaia, que ficava próximo ao escritório da Rhodia no Centro Empresarial, Zona Sul de São Paulo.

Revista Rhodia: investimento em comunicação

Entretanto, Avril, como todo bom engenheiro, sentiu falta de estruturar o processo e pediu que colocassem o plano de comunicação em um "papel" oficial. Nascia assim o Plano de Comunicação Social da Rhodia (PCS), com todo o detalhamento da estratégia que deveria ser seguida pelos envolvidos no tão esperado relacionamento com a imprensa e o mercado, além de ações de marketing e pesquisa. O documento é, provavelmente, o primeiro desse tipo a ser formalizado por uma grande empresa no Brasil e virou livro em 1990[1]. O propósito principal do PCS, criado a partir de 1982, era abrir de fato a empresa para um diálogo estratégico com todos os atores do seu ecossistema: comunidade, mercado, funcionários, imprensa e Governo.

No início, a matriz francesa resistiu a essa abertura de "portas", mas precisou relevar devido à importância relativa da Rhodia para o grupo e para o Brasil. Entre 1974 e 1984, por exemplo, a empresa passou de oito mil funcionários contratados para algo em torno de 14 mil. Seu faturamento acompanhou essa evolução, crescendo de 286,6 milhões de dólares para 716 milhões no mesmo período[2]. A empresa, portanto, não podia mais se contentar em dialogar apenas com sua matriz no além-mar. Era necessário percorrer uma longa trilha para estruturar a comunicação com sucesso.

Para estruturar o PCS, Nori entendeu que primeiro era importante traçar em detalhes o que cada área interna fazia e poderia produzir de informações que, de alguma maneira, pudessem servir de base para trabalhar a comunicação externa da marca. Hannun conta que esse levantamento de informações internas não foi uma tarefa simples e que só teve sucesso porque teve apoio dos líderes e, obviamente, de Musa:

> *"Era um grande desafio falar com vinte e poucas áreas sem que achassem que nós estávamos querendo mandar nelas! Nós tínhamos de conquistar a confiança delas para que nos dessem a informação de que precisávamos para trabalhar. Olhavam para a gente como se estivéssemos nos metendo demais. Tudo isso foi um grande desafio, vencido aos poucos."*

De posse de relatórios sobre a atuação e desafios dos negócios, foi possível estruturar o PCS. Segundo Hannun, essa etapa de apuração sobre cada área deu início ao desenho do plano, um documento capaz

1 *Portas Abertas*, de Célia Valente e Walter Nori, editora Best Seller.
2 Fonte: Portas Abertas.

de organizar as normas elementares de comunicação para que todos estivessem alinhados sobre o que falar na hora de dar entrevistas.

Para realmente conduzir a organização à condição de "Portas Abertas", era necessário que todos estivessem envolvidos no plano, principalmente os diretores. Eles não se opunham à novidade, mas queriam saber minuciosamente como se processaria tal transformação na comunicação da empresa. Vilien Soares lembra que poucos diretores tinham a facilidade de Musa para entrevistas, mas vendo como ele as conduzia, foram perdendo o receio. Com isso, além das regras a serem seguidas por todos, o documento também passou a conter a filosofia e as vantagens do novo posicionamento da companhia.

Por outro lado, havia certo impasse entre a equipe de comunicação e a alta gestão sobre qual seria a linguagem ideal para esse importante documento oficial da Rhodia. De um lado, os jornalistas preferiam uma linguagem mais informal. Do outro, os engenheiros batiam pé em prol dos termos técnicos. Com o tempo, os dois lados foram se adequando. No livro *Portas Abertas*, Nori e a jornalista Célia Valente relatam que embora tenha sido complicado chegar a um texto final, uma coisa era certa: "se não tivessem sido obrigados a estruturar um plano, o trabalho de abertura da Rhodia teria sido mais empírico e provavelmente menos rico".

O PCS continha com clareza a imagem pretendida pela empresa e, num contexto de mudanças políticas no país, detalhou um roteiro de ações nas áreas de imprensa, relações públicas e marketing. Levou em consideração as características, as peculiaridades e os objetivos estratégicos da empresa. Reunia, de forma organizada, conceitos extraídos da experiência de seus profissionais de comunicação para sistematizar as tarefas e fornecer uma clara visão de suas atribuições.

Uma das inovações do plano foi oficializar que o trabalho de comunicação externa da Rhodia não se limitaria a apenas redigir e divulgar *press releases* e conceder entrevistas, quando requisitadas. A empresa queria ser proativa em seus relacionamentos institucionais. Para isso, começou a promover encontros entre seus principais executivos e jornalistas de veículos relevantes, empresários, autoridades e entidades representativas. Essa disposição de manter as portas abertas deu tão certo que, a partir de certo momento, a Rhodia reformou uma área na sua sede especialmente para esses encontros, que consistiam em cafés, almoços e pequenos eventos. O ambiente, segundo Nori, foi "muito bem projetado por arquitetos e abastecido de tecnologias modernas para a época". Entre as opções, havia um miniauditório, uma sala de almoço e um bar descontraído.

A repercussão do PCS

O PCS não foi elaborado com a pretensão de ser um manual acadêmico de comunicação corporativa ou se tornar uma referência para quem quer que seja. Tratava-se apenas de um planejamento interno. Porém, seis meses após ser concluído, foi apresentado ao jornalista Theóphilo Carnier Jr., então repórter da editoria de economia da revista *Veja*, que estava em entrevista na Rhodia. A intenção era apenas obter a opinião dele sobre o trabalho. Entretanto, ele gostou tanto que resolveu escrever uma matéria na edição seguinte da revista sobre seu conteúdo.

A reportagem de Theóphilo fez com que o trabalho da área de comunicação se tornasse conhecido nacionalmente, sendo inclusive utilizado em salas de aula e como inspiração para que outras empresas também abrissem suas portas para se relacionar melhor com o mundo à sua volta. Na matéria, Musa declarava[1]: "Uma política de portas abertas e um bom relacionamento só nos ajudarão".

Tal repercussão inesperada do plano de comunicação fez com que os pedidos de entrevistas aumentassem e que outras publicações também explorassem o assunto. Com isso, no total, mais de quatro mil cópias foram distribuídas entre órgãos de imprensa, estudantes, empresas, agências de publicidade, assessorias de comunicação e até interessados no exterior. Inicialmente, seriam apenas duzentos cópias para uso interno.

A repercussão externa foi positiva também para fortalecer a adesão das equipes internas, pois o PCS ainda passava "despercebido" entre alguns executivos da companhia. Depois de três anos, o plano havia sido totalmente implantado: de 300 a 400 funcionários estavam preparados para falar pela companhia. Embora Musa continuasse sendo o porta-voz principal, o número revela um esforço gigantesco da Rhodia para descentralizar a comunicação corporativa. Todos deveriam estar muito bem preparados, já que representavam os cerca de 14 mil empregados da empresa.

Em números[2], o PCS gerou em mídia espontânea:

- Em 1985, ano da publicação do PCS, 87 *releases* foram entregues nas redações de jornais e revistas, resultando em 231 páginas escritas sobre a companhia. Um ano antes, foram 92 *releases* e 102 páginas de texto.

---

1 Portas Abertas, página 38.
2 Portas Abertas, página 44

- No final da década, em 1989, 98 *releases* foram entregues, que resultaram em 390 páginas de texto sobre a Rhodia e 160 minutos de matérias de televisão.
- Se todo esse espaço espontâneo tivesse sido pago, apenas em 1989, a empresa teria desembolsado cerca de dez milhões de dólares, segundo cálculos da Gerência de Comunicação Social da época.

Inovação: *mídia training*

Musa, embora jovem e bem conectado com o mercado, era um engenheiro que, ao se tornar CEO, começou a se posicionar publicamente sobre questões que ultrapassavam as barreiras dos segmentos têxtil e químico. E, com a larga repercussão do PCS, a exposição pública tornou-se inevitável. A área de comunicação da Rhodia percebeu que era vital cuidar da imagem e postura do executivo durante o relacionamento com os jornalistas. Afinal, ele dedicava metade do seu tempo a contatos externos, incluindo palestras e debates.

De acordo com Nori e Hannun, o então presidente, em geral, aceitava bem suas sugestões. Numa postura de vanguarda, ele se deixava maquiar nos estúdios antes de começar a gravação de programas televisivos e chegava trajado de acordo com as recomendações que recebia. Mas, em contrapartida, foi necessária uma atenção especial ao aperfeiçoamento de sua dicção para aprender a valorizar as palavras-chave em suas falas, além de exercícios de postura para conseguir atrelar a fisionomia à informação revelada.

Conhecido atualmente como *mídia training*, esse treinamento no auge da exposição de Musa na imprensa, era algo extremamente inovador e logo surtiu efeito. Segundo Nori, no início, o executivo perdia a câmera e dava até a impressão de que estava conversando com um entrevistador inexistente. Porém, nas últimas cenas de entrevistas em meados de 1989, já estava mais solto e chegava até mesmo a sorrir, encostado à vontade nas cadeiras, percebendo-se totalmente seguro. Além da assessoria da equipe de Nori, entre a primeira e a última entrevista, ele também se submeteu a um curso de *mídia training* na França, onde recebeu alguns ensinamentos importantes.

Hannun confessa que o *mídia training* começou a ser feito meio que no improviso. Ele lembra de uma conversa na Casa Rhodia, na avenida Brasil, em São Paulo, em que Musa conversava com Nori e lhe perguntava coisas como "e se o jornalista me perguntar algo inesperado?". Então, Nori o tranquilizou dizendo que passaria sugestões do quê e como responder, simulando uma entrevista. Com a prática, o presidente já estava craque em responder de supetão, inclusive sobre assuntos que não eram vinculados às áreas de atuação da Rhodia, como medidas econômicas recém-divulgadas pelo Governo. Nori comenta que ele soube aproveitar cada entrevista com sabedoria e passou a ser uma referência para a mídia.

Para Nori, Musa pegou logo o tom certo de dar entrevistas e ganhou a confiança dos jornalistas:

> *"Os jornalistas gostavam de Musa porque ele era muito transparente, sem necessariamente falar o que não devia. Raramente eu o vi cometer algum engano ou falar mais do que devia. Ele era muito disciplinado e respeitava muito os jornalistas. Atendia-os sempre com muita boa vontade, sem essa de ter pressa para encerrar a entrevista ou não responder a alguma pergunta que não tivesse sido previamente combinada."*

Todo esse processo iniciado pelo Portas Abertas colocou Musa na categoria de líder empresarial, requisitado a opinar sobre os mais diversos assuntos — inclusive sobre o PCS. Em 1991, a reportagem do jornal *O Estado S. Paulo*, *Informar Bem Dá Lucro às Empresas*, escrita pela jornalista Odete Pacheco, diz que a Rhodia deu início à abertura das empresas para o mercado e que, graças ao PCS, havia se tornado "uma fonte inesgotável de informações à imprensa". Segundo citação atribuída ao executivo, o retorno dessa política de portas abertas era algo em torno de oito a dez milhões de dólares de mídia espontânea por ano.

Musa conta que a imprensa era bem receptiva e interessada em entrevistá-lo:

> *"Na época, eu fui muito solicitado, era quase que uma personalidade. Hoje é uma coisa absolutamente normal, antes era excepcional. Assim começou minha história, minha ligação com a imprensa. E aí eu virei pauta de tudo quanto era reunião de pauta... então eu não saía do jornal, era entrevista todo dia. Havia um ineditismo de um brasileiro ter assumido naquela conjuntura."*

De acordo com o jornalista Nelson Blecher, criador do caderno *Negócios* do jornal *Folha de S. Paulo*, ex-editor executivo da revista *Exame* e ex-diretor de Redação da revista *Época Negócios*, nenhum jornalista que cobrisse editoria de negócios a partir de meados dos anos de 1960 poderia deixar a Rhodia fora de seu radar:

> *"A área de comunicação sempre foi o ponto forte da Rhodia. Mesmo sendo uma marca eminentemente industrial, liderou a cadeia de moda nos corações e mentes dos brasileiros. Ao alçar o executivo Edson Vaz Musa ao posto de primeiro presidente brasileiro de uma multinacional, a empresa esteve à frente do movimento de tropicalização no universo corporativo e isso a posicionou como uma das 500 mais bem conectadas com a cultura nacional na época."*

A reputação positiva conquistada pela Rhodia no Brasil acabou sendo reconhecida também pela matriz. Certa ocasião, Hannun foi chamado a Paris para fazer uma apresentação oficial de todo o trabalho de comunicação brasileiro. As informações foram posteriormente incluídas em um livro da Rhône-Poulenc como sendo uma referência em marketing e comunicação industrial.

Nori encerrou suas atividades na Rhodia em 1988, mas mantém a recomendação para que todas as empresas, seja lá qual for o seu momento, escrevam um planejamento de comunicação. O documento, diz ele, quando bem estruturado, organiza os contatos da empresa com seu público, sem perder de vista sua estratégia e seu propósito.

CAPÍTULO 7

A Rhodia no mundo da moda

Circularam 70 mil pessoas entre os dias 28 de janeiro e 1.° de fevereiro de 2002 pelo prédio da Fundação Bienal de São Paulo, no Parque do Ibirapuera. Era fim de férias na terra da garoa, faltava uma semana para o feriado de Carnaval[1] e o espaço de 18 mil m^2 estava lotado de celebridades, profissionais de moda, curiosos e convidados. Acontecia a segunda edição do *São Paulo Fashion Week*[2] - SPFW, evento com 25 desfiles[3]. E, no meio dessa badalação toda, a Rhodia marcava mais uma vez presença, em evento com estilistas famosos como Alexandre Herchcovitch, Reinaldo Lourenço, Ricardo Almeida e Marcelo Sommer que lançavam tendências e inovações. O tema dessa edição do maior evento de moda da América Latina era "identidade brasileira", um pretexto para questionar quem é e o que significa ser brasileiro.

Além de fornecer tecidos para alguns dos estilistas, a Rhodia se destacava como expositora na área social do SPFW. Em entrevista concedida à jornalista Sara Duarte, da revista *Isto É*[4], em 17 de julho de 2002, o então gerente José Padeiro[5] resumiu a estratégia da participação da empresa, que montou um estande em forma de cinema, criado pelo estilista Alexandre Herchcovitch, que chamava a atenção do público: *"Um desfile dura só 20 minutos. Aqui, faço propaganda do começo ao fim do evento"*.

---

1 O Carnaval em 2002 ocorreu em 12 de fevereiro.

2 Era o segundo ano que o maior evento de moda da América Latina levava esse nome, já que antes era conhecido como *Morumbi Fashion Week*.

3 A programação e os detalhes da SPFW de 2002 podem ser conferidos em http://almanaque.folha.uol.com.br/programa1.htm

4 A entrevista com manchete *Cada Mergulho é um Flash* está disponível no site da *Isto É* pelo link: https://istoe.com.br/21200_CADA+MERGULHO+E+UM+FLASH/

5 José da Conceição Padeiro, engenheiro, trabalhou de 1975 a 2007, Gerente de Marketing da Divisão Têxtil.

Entre outros motivos, aquela edição do SPFW era especial para a Rhodia: a organização do evento preparou uma homenagem ao publicitário italiano Lívio Rangan,[1] o executivo que, nos anos 1960, havia estabelecido um relacionamento estreito entre a empresa e o mundo da moda. Reuniram vídeos, fotos, roupas e croquis como forma de resgatar sua importância na história da moda nacional. Rangan é considerado como um dos responsáveis pela criação da moda brasileira enquanto foi o principal executivo de marketing da Rhodia, desde o final dos anos 1950 até 1970. Utilizando os recursos e seguindo a estratégia da empresa, ele reuniu costureiros, modelos e artistas para alavancar a moda brasileira.

A empresa começou a participar de desfiles de moda em 1962 sob a inspiração de Rangan. A iniciativa era inusitada, principalmente do ponto de vista de uma empresa que operava mais no segmento B2B (*business to business*) do que B2C (*business to consumer*). A divisão Têxtil da Rhodia não vendia diretamente para os consumidores finais, mesmo porque não fabricava itens de vestuário — exceto nos tempos em que a marca Valisère era produzida nas fábricas da Rhodia em Santo André. Rangan teve o entendimento de que estimular os estilistas da época a apresentarem coleções elaboradas com tecidos de fios sintéticos rhodianos era uma maneira de retroalimentar toda a cadeia da moda: produção de matéria-prima, fabricação de tecidos (tecelagem), profissionais de moda, confecção de itens de vestuário e comércio.

O homem da moda

Lívio Rangan nasceu em 1933 na cidade de *Trieste*, no nordeste da Itália, e chegou ao Brasil em 1953, onde morreu em 1984. No início da carreira, deu aulas de latim no Colégio Dante Alighieri, mas logo se envolveu com a produção de espetáculos de dança.

Jô Soares o descreve, em seu livro autobiográfico, como uma pessoa com obsessão por qualidade e com alguns trejeitos bem peculiares: *"Batia a mão direita na testa quando alguma coisa não saía do jeito que queria. Geralmente tinha razão. Acordava diariamente de madrugada para poder nadar e pegar o Estadão recém-distribuído na Rua Major Quedinho (Centro da cidade de São Paulo)."*

1 Casado com a ex-modelo e jornalista Zizi Carderari de 1974 até 1984, quando o publicitário Lívio Rangan morreu precocemente aos 51 anos.

Rangan tinha uma forma inovadora de fazer marketing e promover a imagem da Rhodia. A visibilidade dos eventos que realizou nos 13 anos em que trabalhou na Rhodia fez com que ele seja reconhecido como responsável por estruturar e profissionalizar o setor da moda no Brasil. No seu legado, destaca-se a grande preocupação para que as coleções dos estilistas sempre tivessem uma identidade brasileira, mesclando moda, cultura e arte. Rangan deixou a Rhodia em 1970 e abriu a agência Gang.

A moda nos anos 1960

A década de 1960 foi marcada por diversos acontecimentos sociopolíticos. Os jovens exigiam liberdade, as mulheres descobriam a pílula, a televisão ganhava cores e exibia os sucessos da Jovem Guarda e do Tropicalismo. No meio de tudo isso, a moda brasileira acompanhava as tendências de Paris e Milão, que cada vez mais diminuíam os holofotes nas peças exclusivas da alta-costura e fortaleciam o *prêt-à-porter* ("pronto para vestir", em português), que, desde a década anterior, vinha trazendo escalabilidade para a indústria da moda ao replicar as peças de estilistas famosos.

A Rhodia, naquele momento, focava sua produção têxtil em fios e tecidos sintéticos como o *nylon* e o tergal, que ainda eram pouco usados por costureiras e estilistas locais. Foi então que Rangan passou inusitadamente a mostrar ao mercado não apenas os fios e os tecidos, mas o resultado desses produtos nas peças de roupas. Sua primeira interação com o mundo da moda foi na Feira Nacional da Indústria Têxtil (Fenit), criada pelo publicitário Caio de Alcântara Machado[1], com o objetivo de desenvolver a indústria têxtil e que teve sua primeira edição, em 1958, no Pavilhão Internacional do Ibirapuera, em São Paulo. Não foi um sucesso imediato, pois o mercado ainda não tinha a cultura de participar de grandes eventos. A Rhodia já estava lá como patrocinadora, uma vez que queria estreitar seu relacionamento com as empresas que compravam seus fios sintéticos. As feiras da Fenit patrocinadas pela Rhodia chegaram a reunir em torno de dois mil expositores e eram abertas ao público em geral (não apenas convidados).

1 O publicitário paulista Caio de Alcântara Machado (1926 — 2003) foi o criador das feiras industriais de negócios, entre elas, a Fenit.

Seleção Rhodia Moda: publicidade e participação em desfiles de moda para divulgar tecidos produzidos com fios produzidos em suas fábricas

Na terceira edição, dois anos depois, o evento começou a ter uma boa adesão do mercado. E, em 1962, a Rhodia organizou seu primeiro desfile dentro da 5ª Fenit, chamado *Rhodia - III Cruzeiro da Moda - Brazilian Nature*, que levava esse nome por ser realizado em parceria com a Revista *O Cruzeiro*, pertencente à editora Diários Associados[1] e responsável pela cobertura jornalística do evento. Desenvolvidas por pintores brasileiros famosos como Di Cavalcanti[2], as estampas inspiradas na flora e na fauna brasileiras eram usadas em coleções de estilistas que posteriormente se tornariam nacionalmente conhecidos, como Dener Pamplona de Abreu e Marcílio Campos. Em paralelo aos desfiles, a empresa realizava exposições de arte e cultura pop e *shows* musicais com artistas como Rita Lee e Gal Costa.

Em 1968, durante a 11ª Fenit, a Rhodia organizou o *desfile-show* batizado de *Momento 68: Tropicália*. Além das celebridades nas passarelas, o evento contava com artistas famosos das telas de televisão.

---

1 Principal veículo ilustrado semanal do país, com 550 mil exemplares nos anos 1960.
2 Emiliano Augusto Cavalcanti de Albuquerque Melo (1897-1976), mais conhecido como Di Cavalcanti, foi um pintor modernista, desenhista, ilustrador, muralista e caricaturista brasileiro.

Os atores Raul Cortez[1] e Walmor Chagas[2] fizeram o papel de mestres de cerimônia, com base em texto do escritor e humorista Millôr Fernandes. Com direção do maestro Rogério Duprat[3], foi feito o lançamento do disco *Tropicália*[4], seguido de *shows* com Gilberto Gil, Gal Costa e Caetano Veloso. Especialistas consideram que o *desfile-show* de 1968 foi o marco-zero do Tropicalismo e a empresa é sempre lembrada por ter sido responsável pela sua organização.

Na 12ª Fenit lançou a *Seleção Moda Stravaganza*, com desfiles do estilista italiano Valentino Garavani e dos brasileiros Ronaldo Ésper e Clodovil Hernandes, entre outros. Nas edições seguintes, os desfiles na Fenit contaram com coreografias do americano Lennie Dale (nos anos 1970, ele fundou o lendário grupo de dança andrógino *Dzi Croquettes*), que eram embaladas por *performances* ao vivo de cantores como os da banda *Os Mutantes*. A Fenit transformou-se, assim, no maior evento de moda do país, projetando não apenas a moda brasileira, como artistas tanto no Brasil como no exterior. Os desfiles da Rhodia, dentro da Fenit, ocorreram até o meio dos anos 1970, quando a empresa optou por produzir eventos em um espaço próprio, sobre o qual falaremos mais adiante.

Em 1994, surgiu o *Phytoervas Fashion* que, no ano seguinte, viria a se tornar a semana de moda *Morumbi Fashion Brasil* e, finalmente, em 2001 ganharia o nome de *São Paulo Fashion Week*, evento que ainda é realizado, sempre com duas edições anuais. De acordo com Padeiro, no começo, a Rhodia foi a única empresa com atuação B2B a participar de desfiles de moda; a DuPont[5] só entrou no circuito lá pelo terceiro ano do SPFW. Com o desenvolvimento da indústria da moda e, por sua vez, do setor têxtil, modelos, manequins, fotógrafos e maquiadores passaram a ter grande visibilidade. Entre as modelos, estavam Mila Moreira e Monique Evans. Os eventos eram notícia nas revistas especializadas e nos jornais. Em 22 de setembro de 1971, por exemplo, uma foto publicada pelo jornal *Correio da Manhã* trazia

1 O paulista Raul Cortez (1932–2006) foi um consagrado ator, produtor e diretor.
2 O gaúcho Walmor Chagas (1930–2013) foi ator, produtor teatral e diretor.
3 O carioca Rogério Duprat (1932–2006) foi compositor, arranjador e maestro.
4 Tropicália, tropicalismo ou movimento tropicalista foi um movimento cultural brasileiro que surgiu sob a influência artística da cultura pop nacional e estrangeira.
5 DuPont é uma das maiores indústrias químicas dos Estados Unidos, com sede no estado de Delaware. Em 1955, a Rhodia foi licenciada pela DuPont para fabricar o *nylon* no Brasil. Anos depois, ela passou a atuar diretamente no país, tornando-se concorrente da Rhodia.

a seguinte legenda: *Manequins da Rhodia Exibem Jérsei Brilhante na Feira Francesa*, realizada em São Paulo.

Estratégia e inovação

A relação da Rhodia com o mundo da moda vinha dos tempos em que trouxe a francesa Valisère para o Brasil. Iaci Rios se lembra de quando deu suporte à Valisère para selecionar modelos para a função de "corpo de prova". Eram mulheres contratadas para experimentar sutiãs, calcinhas, camisolas e afins para a marca. Ela conta que houve momentos em que contrataram entre 30 e 40 pessoas para essa função, com destaque para Bruna Lombardi[1], na época uma jovem desconhecida do público.

Com suas iniciativas no mundo da moda, a Rhodia passou a ter acesso a todas as etapas da cadeia produtiva, da criação da matéria-prima ao consumidor final. Marcos Antonio De Marchi define essa estratégia da empresa da seguinte maneira:

> *"Quando você tem um B2B, tem de educar o consumidor final — chamado de C — para consumir do segundo B, o seu verdadeiro cliente. Educamos o mercado a aceitar os produtos, sem esconder a nossa marca. Para isso, chegávamos para grandes nomes da moda e negociávamos para que as coleções tivessem 30% de tecidos Rhodia."*

José Padeiro contou em entrevista para este livro que a Rhodia, nos anos 2000, chegou a ter 12 estilistas contratados durante edições do SPFW, entre eles, André Lima, Amir Slama, Samuel Cirnansk e Gloria Coelho. E o resultado da estratégia é relatado por Padeiro:

> *"Revistas como Claudia e Manequim divulgavam os desfiles, a Rhodia e nossos clientes homologados. Falavam de toda a cadeia têxtil. E, quando eu dava entrevistas, valorizava os tecidos para estimular as vendas. Aí, quando voltava para a Rhodia, tomava bronca porque tínhamos de fazer investimentos em maquinário para atender à demanda."*

A Rhodia também investia em pesquisas para entender o consumidor final. Segundo Rubens Hannun as pesquisas davam embasamento para parte das ações de marketing integrado da empresa, que incluíam

1 Bruna Lombardi estreou como atriz de televisão em 1977 na Rede Globo.

anúncios, campanhas publicitárias e ativações em locais como *shoppings centers*. Ele conta que nos anos 1980 foi realizada uma pesquisa com cerca de 800 participantes para traçar o perfil dos consumidores. Ao final, estes foram classificados em seis categorias, entre elas o exibicionista e o consumista. Além disso, separava as pessoas em três grandes grupos: o líder (lançava moda), o seguidor (consumia moda) e o antilíder. Hannun descreve este último:

> *"O antilíder era pragmático e não era tido como um criador de moda, mas descobrimos que ele criava. Lembro-me de um que começou a usar agasalho esportivo para fazer compras e um ano depois virou moda. Foi um legado para o mercado da moda. Apresentei essa pesquisa em diversas associações de marketing e de pesquisa."*

Essa prática de pesquisar a opinião e os hábitos dos consumidores segue o que o guru de marketing Philip Kotler defende em seus livros lançados nos anos 2000. Em *Marketing de A a Z - 80 Conceitos que Todo Profissional Precisa Saber*[1], ele explica que o marketing tende a se basear "mais na força da informação do que na força de vendas", por isso é importante a gestão do conhecimento e de dados da empresa a fim de promover aprendizado e resiliência no mercado.

A casa Rhodia

As ações de relacionamento da Rhodia com os estilistas ultrapassavam os limites das passarelas dos desfiles. Na década de 1960, a empresa começou a ensinar costureiras sobre todas as possibilidades de uso de tecidos rhodianos. A prática foi crescendo tanto que, décadas depois, uma grande oficina formava estilistas, além de passar conhecimento sobre varejo e tendências de consumo. Em 1978, nasceu dessa experiência a Casa Rhodia[2], uma mansão na Avenida Brasil, em um bairro nobre da capital paulista. Nela, ocorriam eventos de moda badalados e outros desfiles que ditavam as tendências de moda da época. O espaço tornou-se ícone de *glamour*. Estilistas, artistas e imprensa... todos davam muito valor ao que ocorria por lá.

---

1 Lançado pela Editora Campus em 2003.

2 Antes da Casa Rhodia, houve o espaço CREAT, um centro para exposição de artes têxteis.

Casa Rhodia, criada em 1978: espaço de eventos e reuniões, na Avenida Brasil, uma das mais sofisticadas de São Paulo

Construída em estilo arquitetônico francês, a Casa Rhodia tinha janelas automatizadas e pisos de mármore. A decoração era sofisticada e os jardins eram cercados com grades elegantes. A área de marketing da empresa era presença frequente na Casa Rhodia e tinha como meta desenvolver, a cada seis meses, 500 novas peças com utilização de fios da empresa.

Além dos desfiles e ações de marketing, a Rhodia realizou outras contribuições para o mercado têxtil. Em parceria com 12 líderes do setor — entre eles, a Tabacow —, a empresa criou o CIT - Coordenação Industrial Têxtil. Era um grupo de especialistas do setor têxtil que tinha a função de apontar tendências, conceitos e cores para guiar estilistas e profissionais em suas escolhas. O objetivo era organizar a produção têxtil no Brasil com base em uma cartela de cores especiais para cada estação do ano, conforme explica Hannun:

> *"Antes do CIT, os estilistas brasileiros iam à França, olhavam os desfiles e, na volta, lançavam as cores que viram lá. Só que na época errada. As cores do inverno eram lançadas aqui no verão. Dava muita confusão e não havia nenhuma coordenação. Isso confundia o consumidor que via a cor vermelha destacada numa marca e o azul em outra. E aí o que acontecia com o consumidor? Ele não tinha segurança para comprar. Com a cartela brasileira de cores, todos passaram a falar a mesma língua."*

Após lançar a cartela de cores para a moda, foram desenvolvidas referências de cores para artigos de decoração, tapeçaria, cama, mesa e banho. Hannun explica que era uma maneira de a Rhodia criar demanda no mercado. Como esses produtos têm grande durabilidade e pouco consumo, era preciso criar "a necessidade", o desejo de consumo para que as pessoas fizessem trocas mais frequentes.

Além das cartelas de cores, a Rhodia desenvolveu mais uma ação B2B. A empresa decidiu fechar parceria com indústrias têxteis, como a Vicunha e a Santista, para desenvolver fios que todos considerassem tendência. A partir daí, criava a chamada *Coleção Moda Fio*. Por cerca de dois anos, essa coleção de peças elaboradas com os fios desenvolvidos foi exposta em salas da Casa Rhodia como forma de fomentar o relacionamento com tecelagens, confecções, malharias e estilistas.

As ações de marketing B2B da Rhodia sempre estiveram alinhadas à estratégia de marketing de Kotler: "As empresas precisam evoluir do foco na fabricação de produtos para o foco na conquista e retenção de clientes. Se uma organização não cuidar de seus clientes, alguém tomará o seu lugar". A Casa Rhodia foi fechada no começo dos anos 2000. Em 2015, o Museu de Arte de São Paulo (MASP) promoveu a exposição *Arte na Moda: Coleção MASP Rhodia*[1], em que foi apresentada parte do acervo doado pela Rhodia em 1972. Segundo o texto de divulgação, trata-se de "um acervo fundamental para enxergar o potencial criativo da colaboração entre arte, moda, *design* e indústria, e que permanece único e insuperável no Brasil. Que sirva de inspiração para a criatividade e novas discussões no momento atual na moda". As roupas, peças únicas, feitas apenas para a promoção da marca, traziam estampas de artistas como Aldemir Martins, Alfredo Volpi e Manabu Mabe. "A escolha dos artistas revelava o interesse em dialogar com a arte contemporânea do momento e refletia as principais tendências da arte e da moda. Os *desfiles-show* tinham uma extraordinária força midiática, graças também à participação de artistas consagrados e de músicos brasileiros, importantes alavancas na cadeia da moda nacional", descreve o texto do MASP sobre a coleção.

1 Saiba mais em https://masp.org.br/busca?search=rhodia

A Rhodia na televisão

Nos anos 1960, além dos desfiles e anúncios em revistas como *Claudia*, *Manequim* e *Cruzeiro*, Lívio Rangan levou a marca Rhodia para a televisão. Jô Soares relata em *O Livro do Jô - Uma Autobiografia Desautorizada*[1] sua participação no programa *La Revue Chic:* com formato totalmente inovador, contava com a presença de modelos famosas contratadas pela Rhodia. O programa era resultado de uma parceria de Lívio com Nilton Travesso, que era da TV Record, canal de televisão que na época crescia com prestígio e audiência. Nilton, no cargo de diretor da atração, convidou Jô Soares para ser apresentador e roteirista do programa. Jô explica a dinâmica do programa:

> *"Cada semana tínhamos uma história inteiramente nova, e eu faria um personagem diferente em cada edição. Fiquei na gravação de um dos programas até às cinco horas da manhã, dentro de um aquário, vestido de Netuno, passando um frio danado porque o aquecedor que puseram na água não funcionava direito. Noutro, uma das modelos (eram quatro) nocauteava o campeão mundial dos pesos-galos Éder Jofre. Lívio era exigente e queria ver tudo, inclusive o roteiro escrito, com uma antecedência quase neurótica e obsessiva. Nilton Travesso, ele e eu nos encontrávamos todas as quintas-feiras na agência Standard, que tinha a conta da Rhodia, para ler o roteiro escrito que seria gravado dali a duas semanas."*

La Revue Chic era exibido às sextas-feiras, às 21h. Segundo consta no livro, o programa começou bem em São Paulo e passou a ser veiculado também no Rio de Janeiro, com ótima audiência. Para a Rhodia, o investimento na atração visava promover seus tecidos sintéticos, mesma estratégia usada nos desfiles: as manequins, sempre altas e magras, apareciam na televisão em peças de roupa muito elegantes, desenhados por costureiros — não se usava a palavra estilista naquele tempo.

A parceria da Rhodia com Jô Soares deu tão certo que ele também escreveu uma *sitcom* — série humorística — patrocinada pela marca Tergal nos anos 1960. Era a *Show a Dois*. O casal que apresentava o programa era formado pelos atores Cleyde Yáconis e Leonardo Villar. Na atração, havia um cenário inovador com quatro ambientes diferentes em dois andares, criado por Cyro del Nero, então diretor de arte da TV Excelsior. Lívio gostou tanto que Cyro passou a fazer todos os cenários dos *shows* e desfiles da Rhodia.

1 Lançado em 2017 pela editora Companhia das Letras, é um livro de memórias de Jô Soares, escrito por ele em parceria com Matinas Suzuki Jr.

CAPÍTULO 8

A construção de uma marca

Entre as saudosas lembranças de Nilcea Feres Monte Alto, que trabalhou na Rhodia nas décadas de 1980 e 1990, destaca-se a visita a uma tecelagem no interior de São Paulo. Era uma fábrica muito organizada e higienizada, com pisos de granito e outros detalhes que destoavam das convencionais empresas têxteis da época. Mas não foi só isso que chamou a atenção de Nilcea. Em uma lateral interna da fábrica, havia uma pilha de caixas que ia até o teto: todas do mesmo modelo e tamanho, com uma faixa laranja em que estava escrito "Rhodia S./A". Aquilo deixou Nilcea curiosa, que logo perguntou:

— *"O que vocês tanto compram da Rhodia?"*

Ouviu, então, uma resposta surpreendente:

— *"Estão todas vazias. Colocamos aí porque Rhodia vende, impressiona quem nos visita."*

O simples fato de a marca Rhodia estar visível aos olhos dos clientes daquela tecelagem validava que seus tecidos eram produzidos com fios de qualidade. Nada precisava ser dito, a mensagem subliminar era clara para o setor têxtil. Esse reconhecimento é uma prova de como a marca Rhodia foi construída com solidez e seriedade. Farid Nasser Chedid, que foi gerente-geral da divisão Farma, traz outro exemplo. Ele conta que, certo dia, o cartunista Ziraldo publicou uma breve história em quadrinhos sobre o Dia dos Pais em um veículo de grande circulação. O personagem principal da narrativa era um senhor velhinho, deitado em uma cama. Ao seu lado, em cima da mesa de cabeceira, havia um frasco com a palavra "Nootropil[1]", nome de um remédio lançado pela divisão Farma da Rhodia.

---

1 Medicamento com a substância piracetam indicado como ativador do metabolismo cerebral, neuropsicoestimulante e auxílio na concentração.

Aquela menção espontânea chamou a atenção da empresa, que resolveu chamá-lo para entender por que havia inserido esse detalhe no desenho. Ziraldo explicou que era uma homenagem ao seu pai, que havia se tratado com o remédio e melhorado. A ação impactou tanto a Rhodia que Ziraldo foi contratado depois para criar campanhas de lançamento de medicamentos como a do Dienterol, um antidiarreico.

A jornada até o reconhecimento

Edson Vaz Musa, presidente da Rhodia de 1984 até 1996, resume a construção da marca Rhodia da seguinte forma:

> *"A química foi a primeira a se tornar conhecida. Primeiro, ela produzia solventes para o lança-perfume, depois, matérias-primas para diversas finalidades como defensivos agrícolas. A Farma popularizou-se pelo "R" da aspirina que fabricava e outros medicamentos que, em seu tempo, eram novidade. No início, a divisão têxtil não era muito desenvolvida. Dos anos 1930 até o fim dos 1950, basicamente só tinha o acetato de celulose[1]. Depois, criou o Nylon e o poliéster, quando começou a aparecer para o consumidor e para a indústria."*

Cada divisão rhodiana tinha uma estratégia própria na construção da marca, porém, nas situações em que operava no universo B2B (*business-to-business*), todas seguiam o mesmo princípio básico: relacionar-se com intermediários. Segundo os autores do livro *Fundamentos do Marketing*[2], os intermediários — distribuidores, revendedores, varejistas etc. — têm papel importante na competitividade e lucratividade das organizações. São eles que se destinam a fazer chegar às mãos dos clientes uma vasta gama de produtos. A Rhodia, ao perceber a importância dos seus intermediários, buscou criar relacionamentos de longo prazo com eles. As ações adotadas pela empresa foram baseadas em despertar o interesse dos intermediários por conhecimentos sobre seus produtos Farma e Têxtil, de forma a perceberem benefícios neles. Era uma iniciativa inédita, então, os rhodianos não acertaram na primeira tentativa.

---

1 Embora não seja citado por Musa, em 1934, a Rhodia passou a fabricar e comercializar a marca francesa Valisère no Brasil. Em 1986, a marca foi vendida ao Grupo Rosset.
2 Livro *Fundamentos do Marketing* de Darci Basta, Fernando Robert de Andrade Marchesini, José Antônio F. de Oliveira e Luis Carlos Seixas de Sá, publicado pela *FGV Management*.

A divisão Farma, por exemplo, iniciou esse processo de construção de marca nos anos 1930, ao entender que era essencial apresentar pessoalmente seus medicamentos aos médicos. Assim, criou os propagandistas, profissionais que visitavam os consultórios e deixavam amostras, uma atividade rápida, sem muitos protocolos, mas que contribuía para que seus produtos fossem conhecidos pelos médicos. Entretanto, com o tempo, outros laboratórios passaram a fazer a mesma coisa e a iniciativa ficou banalizada. Rubens José Paulella, que foi gerente geral Rhodia Farma de 1994 a1999, conta que os médicos, irritados com as interrupções, recebiam diversos propagandistas ao mesmo tempo para se livrarem rapidamente deles:

"Colocavam cinco ou seis representantes numa única sala e preenchiam os papéis que os laboratórios mandavam junto com as amostras. Faziam isso para que os representantes deixassem as amostras, já que eram obrigados a recebê-los. Mas não se interessavam em se aprofundar nos medicamentos. Não queriam nem saber."

Para superar essa barreira, a Rhodia revisou a estratégia nos anos 1970, pois sabia que era essencial contar com os médicos para fomentar o consumo dos medicamentos. Era vital que cada produto fosse explicado fundamentado em seu princípio ativo e finalidade. Houve um lançamento que deixou evidente essa nova postura da Farma: o do Nootropil. Mesmo não sendo fruto de pesquisa da Rhodia, era uma nova classe terapêutica (nootrópicos[1]), capaz de despertar a curiosidade dos médicos, conforme conta Farid Nasser Chedid, que trabalhou 30 anos na empresa:

"O Nootropil era resultado de uma pesquisa da Union Chimique Belge (UCB), uma empresa parceira da Rhône-Poulenc. Recebemos deles o equivalente a cinco milhões de dólares em matéria-prima para produzi-lo com baixo custo e fazer a campanha de lançamento no Brasil. Selecionamos os três mil médicos que mais prescreviam nossos remédios. O gerente e o supervisor da Farma ligavam para o médico e explicavam que tinham uma novidade e precisavam de 45 minutos de atenção, mesmo que para isso tivessem de pagar uma consulta. Era algo tão inusitado que a maioria aceitava nem que fosse por curiosidade. Passávamos entre 80 e 120 minutos com cada médico, explicando o

1 Nootrópicos compõem uma classe de substâncias capazes de aumentar o desempenho cognitivo no ser humano, ou seja, aumentam o foco, a atenção, a memória e o raciocínio.

conceito e deixando amostras suficientes para 60 tratamentos de seis meses com três cápsulas ao dia. O resultado foi sensacional: Nootropil passou a ser 20% do faturamento da farmacêutica."

A Rhodia aplicou também essa estratégia de relacionamento próximo com intermediários na divisão Têxtil, por meio da prática de convencer tecelagens e confecções a usarem etiquetas para mostrar que era um tecido com fios da Rhodia e dos desfiles e eventos de moda. Essas ações faziam com que as pessoas procurassem por peças de roupas com tecidos Rhodia nas lojas.

Além disso, nos anos 1970, foi criado o Centro de Desenvolvimento Têxtil (CDT), que funcionava como uma espécie de minifábrica instalada na unidade de Santo André. Ali, eram testadas e desenvolvidas tecnologias e utilizações do que a Rhodia produzia. O movimento era oposto ao que acontecia no setor, como conta Francisco Ferraroli:

"Hoje existe a filosofia do compartilhamento do conhecimento, mas naquela época, cada um pegava para si e guardava a sete chaves. E a Rhodia fazia todo um desenvolvimento de centenas de opções de amostras e oferecia para todo mundo."

O CDT possibilitou à Rhodia ocupar um lugar de respeito no mercado têxtil. Renato Boaventura, engenheiro que entrou na Rhodia em 1992 como estagiário e em 2015 passou a ocupar o cargo de presidente de unidade Global de Negócios Fibras, descreve o papel que o centro de desenvolvimento desempenhava:

"O CDT foi fundamental nas décadas de 80 a 90, porque para realmente educar e influenciar o mercado, a gente precisava ensinar o cliente a fazer o produto. O CDT fazia isso porque tinha todas as tecnologias dos nossos clientes dentro de casa. A gente reproduzia no CDT o que eles faziam em suas fábricas."

Naquele ambiente, o cliente tinha a demonstração prática de como era possível utilizar os produtos que a Rhodia fabricava. Em vez de simplesmente disponibilizar sua produção no mercado, a empresa mantinha uma equipe dedicada a entender as necessidades e promover uma relação de troca de conhecimento. Isso também auxiliava no crescimento das empresas que compravam da Rhodia. Consequentemente, expandindo seus negócios, eles consumiam ainda mais.

José Padeiro, que trabalhou no CDT, destaca que para os clientes da empresa era importante ter a homologação da Rhodia para poder utilizar etiquetas com marcas como Tergal e Rhodianyl.

"A homologação consistia em escolher a fiação boa para trabalhar, investir nela e ensinar a usar. Feito o fio, as tecelagens que comprariam dessas fiações homologadas trabalhariam um tecido também homologado. É como se fosse uma garantia de qualidade da fibra da Rhodia; passando pela tecelagem em que os técnicos acompanhavam as regras de homologação; o pessoal da tecelagem ia explicar como fazia o pano; a malharia idem... ou seja, a gente homologava até a superfície têxtil. Algumas confecções eram escolhidas para trabalhar esses produtos. A gente tinha um serviço de orientação às confecções, com informação de moda e de técnica de confecção para o artigo final."

Na Divisão Química, porém, a aproximação com a cadeia de produção era feita de forma diferente. Por atuar como fornecedora de matérias-primas para a divisão Têxtil, bem como outras indústrias, o fortalecimento de marca era feito de forma pontual. Diferente do que acontecia com produtos que eram vendidos diretamente ao consumidor, que investiam em marketing. O inseticida Rhodiasol, por exemplo, era promovido por meio de campanhas publicitárias em veículos impressos e canais de televisão. Nos anos 1970, o produto tornou-se conhecido por anúncios com slogans como *Contra moscas, mosquitos e pernilongos, Rhodiasol. A paz que você merece. Aerossol é Rhodia.* E, para os produtos agrícolas, que às vezes sofriam uma resistência do mercado, no lugar de acessar intermediários, a Rhodia preferiu ouvir diretamente os compradores finais. Para isso, criou a ouvidoria e a central de atendimento.

Além disso, a empresa investiu em campanhas publicitárias para cada divisão. Na têxtil, uma das mais famosas foi a do tecido sintético Tergal, que criou o bordão "senta, levanta" (e não amarrota). Havia também investimento institucional para promover a marca Rhodia. Certa época, anúncios em televisão e impressos traziam o slogan *Tudo o que está perto de você tem um pouco de tecnologia Rhodia*, visando a conscientizar o público sobre sua presença nas indústrias química, farmacêutica, têxtil, entre outras.

Por outro lado, algumas ações de marketing impactaram positivamente todas as divisões da empresa. Uma delas, entre 1983 e 1984, foi o patrocínio à rádio Panamericana (atual Jovem Pan). A marca Rhodia era citada todas as vezes que o jornalista Reali Júnior participava de programas como o *Jornal da Manhã*, diretamente da cidade de Paris, na França, local que ele descrevia com seu bordão mais famoso: "às margens do Rio Sena, junto à *Maison de la Radio*".

Reali Júnior era correspondente internacional e trazia à programação da emissora as principais notícias da Europa e do mundo. Além de trabalhar para a rádio, ele também escrevia para o jornal *O Estado de S. Paulo* e acumulava uma notável trajetória antes de se mudar para Paris. Walter Nori comenta:

> *"A decisão de patrocinar as aparições do Reali Júnior na rádio foi muito importante para a área de comunicação da Rhodia. Entre os fatores que levaram a empresa a esse patrocínio estão o fato de ele estar na França e a empresa ser francesa, de ele ser um profissional super-respeitado e credível na área jornalística, ser uma pessoa bem-quista e relacionada e ser uma emissora de grande audiência na época, com sede na mesma região que a Rhodia atuava no Brasil. Além do patrocínio, tínhamos uma relação muito próxima com o Reali para sugestões de pauta. Sempre que um diretor importante ou o Musa ia para a França e havia dados importantes para serem divulgados, checávamos se ele tinha interesse em cobrir o assunto."*

Participação no mercado

Por muito tempo, a Rhodia não teve concorrentes à altura de sua ampla participação no mercado, com produtos inovadores e tecnológicos em vários setores. O engenheiro Francisco Ferraroli conta que isso fortalecia uma "filosofia monopolista" em alguns funcionários que "não enxergavam risco de deixar de atender um cliente", pois só existia a Rhodia como fornecedora. No entanto, essa visão nunca impediu a empresa de investir em ações de marketing como uma estratégia para fortalecer seu *market share* (participação no mercado) e, assim, ter uma marca forte para um momento de abertura de mercado.

Os primeiros concorrentes da Divisão Têxtil surgiram no meio do milagre econômico dos anos 1970, segundo Ferraroli:

> *"Fomos pioneiros, mas chegou um momento em que havia seis empresas produzindo poliéster e sete produzindo poliamida. O ambiente tinha mudado. As novas indústrias obviamente eram menores, não tinham nossa tecnologia e menos ainda nossa penetração no mercado, mas já se apresentavam como opção. Então, sentimos que nossa cabeça precisava mudar."*

A Farma também investia nas suas marcas de medicamentos. Ficaram famosos nomes como Rhodine, Gardenal, Amplictil, Profenid, Clexane, Fenergan, Flagyl e Nootropil (saiba mais sobre a aplicação de cada um nos capítulos seguintes). Eram feitas campanhas publicitárias que chegavam ao consumidor final via revistas, jornais, rádio e televisão. Mas nem sempre os lançamentos exigiam grandes verbas publicitárias. Em pelo menos um caso, o que fez a diferença foi a estratégia de comunicação — e um pouco de criatividade, como relata Farid:

> *"Certa vez, fizemos o lançamento de uma vacina contra gripe produzida pela Merieux, uma marca da Rhône-Poulenc que não era conhecida no Brasil. Pedimos à Merieux uma cota de aproximadamente 80 mil vacinas sem custo. Com elas, vacinamos todos os funcionários da Rhodia e seus dependentes gratuitamente. Fomos para a imprensa e fizemos um alvoroço. Resultado: os funcionários de outras empresas começaram a pressionar para também tomar a vacina sem pagar. Deu certo, geramos demanda e as empresas passaram a custear as vacinas."*

Em resumo, para fortalecer sua marca, a Rhodia entendeu que todas as suas áreas deveriam atuar em harmonia, com o mesmo objetivo. Ou em linguagem simples, que todos que estivessem no "barco" precisavam remar no mesmo sentido. Philip Kotler diz em seu livro *Marketing de A a Z*[1]: "Cada processo essencial de uma empresa exige o trabalho em equipe de vários departamentos. Cada vez mais, as grandes iniciativas são desenvolvidas como projetos de equipes interdisciplinares em vez de projetos departamentais".

---

1 Livro *Marketing de A a Z: 80 Conceitos que Todo Profissional Precisa Saber*, de Philip Kotler, pela Editora Campus.

Rhodia coleciona prêmios

No segundo semestre de 1986, a Rhodia investiu em uma significativa campanha institucional na televisão. O *Jornal Nacional* entrava pontualmente às 19h55 na Rede Globo, apresentado na época pelo jornalista Cid Moreira. Nos intervalos comerciais, após as notícias e imagens do Brasil e do mundo prenderem a atenção dos telespectadores, era exibido um vídeo publicitário que destacava o slogan *"Em tudo que está perto de você tem um pouco de tecnologia Rhodia"*. Em paralelo, o vídeo era replicado em outros canais regionais em estados como Bahia, Pernambuco e Rio Grande do Sul.

A campanha incluía inserções em rádios, anúncios em jornais e revistas. Estima-se que mais de 60 milhões de brasileiros tenham sido alcançados pela campanha. A estratégia de comunicação rendeu à Rhodia o cobiçado Prêmio Caboré, um reconhecimento do jornal *Meio & Mensagem* ao melhor anunciante do ano. Em matéria publicada na revista *Rhodia Atualidades*, Rubens Hannun, então chefe do Departamento de Marketing Social, descreveu a conquista:

"Se conquistamos o Prêmio Caboré, foi graças à grande unidade entre a campanha institucional e as campanhas feitas para os diversos setores e produtos da empresa."

O uso da mesma linguagem e visual nas campanhas institucional e das marcas tornou mais fácil que as pessoas fizessem a ligação entre elas, embora fossem de áreas tão diferentes como medicamentos, têxteis e plásticos. Outro ponto alto foi a estratégia de veiculação que incluía publicações tanto técnicas como de circulação nacional, como as revistas *Exame* e *Isto É*. O Prêmio Caboré foi recebido em 04 de dezembro de 1986 pelo presidente Edson Vaz Musa, em solenidade na Sociedade Hípica Paulista.

No ano seguinte, em outubro, a empresa foi capa da revista *Exame* como a Melhor Empresa no *ranking* das *Melhores & Maiores*. Por conta do prêmio, o jornal *Folha de S. Paulo* publicou reportagem na qual destaca que uma "revolução silenciosa está mudando a face da administração da Rhodia". As aspas são de Musa: "Considero que o fator-chave do sucesso da Rhodia foi a introdução do conceito de atividade em lugar de divisão". Ele referia-se a que antes a empresa se relacionava com o mercado com base em suas divisões fabris. Por exemplo, a divisão têxtil negociava tanto o fio têxtil de *nylon* com as tecelagens como o fio industrial de *nylon* usado pelo setor automotivo. Porém, com a aplicação do conceito de atividade, todos os produtos das fábricas rhodianas que fossem interessantes para um determinado nicho de mercado eram ofertados por uma única *Business Unit* (unidade de negócio, em português). Ou seja, seguindo o exemplo anterior, todos os produtos que pudessem ser adquiridos por uma tecelagem seriam ofertados por uma única unidade, independentemente se eram fabricados pela têxtil ou pela química. E a reportagem prossegue:

> *"Outro passo importante rumo à descentralização operacional foi a eliminação de dois cargos na diretoria, reduzida então a cinco vice-presidentes. 'Por meio da organização por atividade, estamos conseguindo formar equipes pequenas. A ideia é mesmo criar pequenos grupos gerenciais que, com flexibilidade, serão capazes de dar uma resposta muito mais rápida às demandas do mercado'. Em suma, a Rhodia tem hoje equipes inteiras voltadas para o marketing ou aplicações de produtos. Os resultados alcançados pela Rhodia e que a qualificaram com o título de 'empresa do ano' entre as 500 relacionadas em Melhores e Maiores, ocorreram mesmo diante das dificuldades geradas pelo congelamento dos preços à época do Plano Cruzado. A Rhodia obteve o primeiro lugar em produtividade no setor químico e petroquímico."*

Anos depois, mais títulos importantes entraram para a lista das conquistas da Rhodia no Brasil. A Rhodia e sua divisão Farma foram incluídas no *Guia Exame 1998 – As Melhores Empresas para Você Trabalhar*, realizado pela revista *Exame* em conjunto com as consultorias norte-americanas *Great Place to Work Institute* e *Hewitt Associates*. Segundo consta em edição da revista *Rhodia Atualidades* publicada na época, José Carlos Grubisich, então presidente da Rhodia, enviou uma carta aos funcionários que dizia *"A empresa está no caminho correto para tornar realidade a sua visão de futuro: ser líder nos segmentos em que atua, num ambiente onde todos sintam orgulho e prazer em trabalhar"*. Na mesma publicação, Rubens José Paulella, gerente geral da Rhodia Farma, declarou: *"Para nós, é motivo de muito orgulho estar entre as 50 melhores empresas para se trabalhar"* no Brasil.

CAPÍTULO 9

Relacionamento que gera confiança

No final dos anos 1980, o engenheiro Roberto Darienzo gerenciava a unidade farmacêutica da Rhodia instalada em Santo Amaro, bairro da zona sul paulistana. Certo dia, ao chegar ao trabalho, encontrou a avenida das Nações Unidas, onde ficava a fábrica, parcialmente interditada por sindicalistas que protestavam contra a Rhodia. Ao notar o perigo que os empregados corriam ao ocupar uma via de tráfego intenso, Darienzo fez o improvável: desceu do carro e pediu para falar com a liderança do movimento, que reivindicava melhores condições de trabalho e salariais para os colaboradores da Rhodia Farma.

> *"Parei meu carro na rua e fui falar com o sindicato. Quando subi lá no caminhão de som e comecei a conversar, todo o pessoal da fábrica me viu e começou a apoiar. Não é normal um gerente de fábrica subir no carro da CUT [1] para dialogar. O cara disse: 'dependendo do que você for falar, eu corto o microfone'. Eu respondi que só queria dar um recado para o pessoal e que não falaria nada sobre eles. Aí eu peguei o microfone e falei: 'pessoal, o sindicato tem o direito de reivindicar. Eu não vou me meter. Eu quero que vocês escutem o que eles estão falando, mas tem duas coisas. Primeiro, aqui é superperigoso, é uma avenida, vai que alguém é atropelado ' E, como na época a gente servia café da manhã na fábrica, eu continuei: 'o pãozinho, o leite e o café estão lá. Por que vocês não entram? Eu convido vocês.' Convidei o sindicato para entrar na fábrica! Eu podia ter perdido o emprego ali naquele dia."*

1 Central Única dos Trabalhadores.

A atitude ousada de Darienzo repercutiu positivamente no meio sindical. Pouco tempo depois, ele e Humberto de Campos, gerente de qualidade da fábrica, foram convidados para conceder uma entrevista a uma publicação interna da CUT como um exemplo de empresa e sindicato trabalhando juntos pelo bem-estar do funcionário.

Robert Edward Freeman[1] ajudou a difundir a palavra *stakeholder* em 1984, no livro *Strategic Management: A Stakeholder Approach*[2]. Em português, o termo *stakeholder* foi traduzido para "parte interessada". Já abordamos ao longo deste livro os diversos públicos com os quais a empresa mantinha ou ainda mantém contato, desde aqueles diretos e obrigatórios, como sócios, órgãos governamentais e a mídia, até os indiretos, como consumidores finais e até mesmo seus concorrentes. Tudo isso passando por sindicatos, associações do setor produtivo e meio acadêmico.

A Rhodia sempre foi uma empresa aberta ao diálogo e à construção de relacionamentos sólidos, atitude que auxiliou na construção de uma marca que merecia a confiança da sociedade. Mesmo hoje, quando esse parece um conceito básico, muitas empresas ainda enfrentam dificuldades com isso. Em artigo publicado em 2018[3], Grazielle Parenti[4] afirma que a aproximação com *stakeholders* ainda é algo novo e que poucos grupos conseguem se fortalecer e influenciar a opinião pública. Vanguardista, a Rhodia já fazia muito isso no passado.

Inovação nas relações sindicais

O gesto que Darienzo teve diante de uma possível greve reflete uma postura que a Rhodia vinha adotando desde a década anterior nas relações sindicais. O relacionamento entre operários e patrões nunca foi muito amistoso, principalmente após o início dos movimentos sindicalistas, que aconteceram em grande número no ABC Paulista a partir do final dos anos 1970. Uma das maiores empregadoras da região, a Rhodia atravessou quase imune à maioria das grandes greves realizadas na época. Trata-se do resultado de muita preparação e cautela ao dialogar.

---

1 Filósofo e professor de Administração de Empresas na Universidade da Virgínia.

2 Traduzindo para o português, *Gerenciamento Estratégico: Uma Aproximação com Stakeholders*.

3 Artigo integra o livro *Reputação: Riscos, Crise e Imagem Corporativa* (Aberje Editorial).

4 Administradora de empresas com pós-graduação em políticas públicas e diretora de Relações Governamentais da Mondelez International.

Curiosamente, a atitude voltada para o diálogo teve início com um fato fora do Brasil. Em 1981, a França elegeu como presidente o socialista François Mitterrand[1]. Uma de suas medidas foi estatizar a Rhône-Poulenc[2]. O comando do grupo francês, portanto, passou para executivos indicados pelo governo, ideologicamente alinhados ao pensamento de centro-esquerda. Essa mudança teve impacto direto nas relações de trabalho da Rhodia no Brasil.

José Emídio Teixeira, sociólogo e pedagogo que entrou na Rhodia em 1982 para atuar na área de recursos humanos, foi por muitos anos líder da Rhodia nas relações com os sindicatos. Ele lembra como essa mudança de comando na França impactou o trabalho feito no Brasil.

> *"Quando Mitterrand tomou posse, ele nomeou o novo presidente da Rhône-Poulenc, o socialista Loïk Le Floch-Prigent. Na primeira visita que fez ao Brasil, ele reuniu-se com os gerentes de fábrica para explicar como eles tinham de tratar os trabalhadores. Disse: 'daqui para frente é o seguinte: essa ditadura aqui vai acabar, é uma questão de tempo. Agora, vai ser igual na França: vocês têm de tratar da mesma maneira como nós tratamos os operários lá'. Tratar de forma muito respeitosa, olhando para o trabalhador como uma pessoa importante para a empresa e que tinha de ser respeitada. E disse que os sindicatos também tinham de ser respeitados."*

Emídio conta que, a partir desse ponto, a Rhodia passou a adotar uma postura diferente, de vanguarda nas relações sindicais: não evitava os conflitos, mas sim, administrava-os.

> *"Nós montamos um sistema de treinamento para mudar a abordagem de toda a equipe gerencial da fábrica e criamos um sistema para simular negociações, inclusive trazendo sindicalistas para falar. Começamos naquele momento. Várias vezes eu era chamado para opinar sobre a seleção de novos gerentes de fábrica, porque não era toda pessoa que tinha perfil para negociar com o sindicato. O gerente de fábrica ia para as mesas de negociações quando as reivindicações eram locais. O que mudou, na verdade, foi a forma de lidar com o assunto."*

---

1 Primeiro presidente eleito pelo Partido Socialista francês. Ocupou o cargo de 1981 a 1995.

2 A empresa voltou a ser privada em 1993.

Além disso, a Rhodia passou a integrar um grupo informal com algumas grandes empresas de diferentes setores, como Unilever, Johnson & Johnson, Souza Cruz e Ipiranga para trocar informações, inclusive com organização de seminários sobre o assunto. Na avaliação da diretoria rhodiana, os executivos brasileiros ainda não sabiam lidar com movimentos sindicais e, por isso, o aprendizado e o compartilhamento de informações eram incentivados.

Nesse mesmo período, a companhia começou a lidar com questões de segurança no trabalho, uma das principais reivindicações dos sindicatos. A intenção era diminuir o número de acidentes. O engenheiro ítalo-brasileiro Raffaele Franchi ressalta que o incentivo à atuação da CIPA (Comissão Interna de Prevenção de Acidentes) por parte das lideranças da empresa foi fundamental para conscientizar os colaboradores e atingir esse objetivo, inclusive com gerentes integrando as equipes:

> *"Para passar a mensagem a todos, era preciso ir pessoalmente, fazer o processo de convencimento. Cada supervisor comandava até sete pessoas. Então, nós chamávamos todos os supervisores, em turmas de 15 ou 20, no máximo, para repassar a política de segurança, cuja mensagem-chave era: nenhum funcionário da Rhodia deve se machucar exercendo sua função dentro da empresa. Os supervisores entenderam que nós estávamos realmente preocupados com o assunto e queríamos uma evolução. O problema do acidente com afastamento, que é o pior deles, passou a ser um fato raro dentro da organização."*

José Emídio lembra outro fato que mostrou a disposição da Rhodia para o diálogo com os sindicatos: a última decisão do presidente Itamar Franco (1992–1994) no cargo instituiu a participação dos funcionários nos lucros e resultados (PLR)[1] das empresas. A Medida Provisória enviada ao Congresso Nacional previa a negociação direta entre empresas e funcionários, sem a intermediação dos sindicatos. A área de RH da Rhodia decidiu colocar todos à mesa. Emídio relata:

> *"Nós nos antecipamos e oferecemos um lugar à mesa para os sindicatos, que nos respeitavam muito. A CUT distribuiu um documento elogiando a Rhodia pela iniciativa de chamar os sindicatos. A Rhodia passou a tratar as relações de trabalho de forma estratégica e foi uma das primeiras empresas a fazer isso."*

---

1 Medida Provisória n.º 794 de 29 de dezembro de 1994.

Nem sempre, porém, a relação foi amistosa. Em 1994, uma greve marcou quem trabalhava na unidade química de Paulínia por conta do ineditismo da solução encontrada por Franchi, que era o principal dirigente da planta. A CUT havia fechado as 17 entradas da fábrica da Rhodia. Quem estava dentro, não podia sair. Quem estava fora, não tinha como entrar. A situação durou cinco dias, quando Franchi determinou:

> *"Eu falei com o pessoal: eu quero trazer 80 pessoas de helicóptero para dentro da fábrica. Contratamos três helicópteros. Os chefes de fabricação escolheram seus operadores mais fiéis, de confiança, para serem transportados de helicóptero para dentro da usina e depois, já cansados, de volta para casa. Esta operação abriu caminho para uma negociação e encerrou a greve. Vale destacar que alguns recordes de produção foram batidos nesses cinco dias. Nunca mais tivemos uma greve ali..."*

Tato nas relações institucionais

Se com os sindicatos a solução para os conflitos era buscar o diálogo, com o governo não era diferente. Um dos motivos para os franceses confiarem "às cegas" no comando da Rhodia Brasil era a característica do cenário político e econômico brasileiro enquanto o país permaneceu fechado para importações e exportações. Edson Vaz Musa lembra como essa política funcionava:

> *"Não se buscava produtividade, qualidade ou inovação. Era copiar para substituir importações. O governo criou, para tentar coordenar esse dirigismo na indústria, o Conselho de Desenvolvimento Industrial - CDI. Para fazer qualquer coisa no Brasil, você tinha de apresentar um projeto para o CDI, que aprovava ou não e indicava o lugar para fazer."*

As exigências do CDI, alinhadas à consolidação da Superintendência do Desenvolvimento do Nordeste (Sudene)[1], levaram a Rhodia a implantar três unidades nessa região do país: nos anos 1960, no Cabo de Santo Agostinho, Pernambuco, uma farmacêutica e outra têxtil, e, nos anos 1980, uma química no Polo de Camaçari, na Bahia. Todo esse controle estatal criava distorções. Para produzir fibra de poliéster, por

1 Autarquia federal fundada em 1959 com a função de fomentar a economia no Nordeste.

exemplo, era necessário utilizar nafta[1], insumo fornecido pela Petrobras, e que dava origem ao paraxileno[2], produto adquirido de outra indústria química também instalada em Camaçari. Acontece que o elo seguinte da cadeia do paraxileno é o ácido tereftálico[3], para o qual a Rhodia só obteve autorização de fabricar em Paulínia, interior de São Paulo. O paraxileno, então, "viajava" dois mil quilômetros de distância da Bahia até lá. À época, um diretor da Rhodia chegou a apelidar a odisseia de "turismo molecular".

A história não acaba aqui. O ácido tereftálico produzido em Paulínia precisava, então, viajar de volta ao Nordeste, até o Cabo de Santo Agostinho, onde a Rhodia produzia a fibra de poliéster. Outra viagem de 2,7 mil quilômetros. Acabou? Ainda não. A transformação do fio em tecido era realizada por tecelagens instaladas em Santa Catarina. Por fim, vale lembrar que São Paulo e Rio de Janeiro eram os principais centros consumidores. Até chegar ao cliente final, o produto percorria entre seis e sete mil quilômetros pelas rodovias brasileiras. A consequência do vai-e-vem de norte a sul: o custo dos produtos era alto, jamais seria competitivo num país aberto à concorrência global.

No período de hiperinflação, especialmente nos anos 80, havia o agravante de que os órgãos governamentais controlavam os preços praticados pelas empresas, por meio do Controle Interministerial de Preços (CIP). Regularmente, as empresas precisavam apresentar suas planilhas de custos ao CIP para obter autorização para reajustar os preços. Os executivos passavam boa parte de seu tempo negociando preços em Brasília ou no Rio de Janeiro. A Rhodia chegou a manter escritórios nas duas cidades.

Walter Cirillo lembra que, apesar de o órgão ser muito técnico, um bom relacionamento era imprescindível:

> *"Se você não tivesse uma boa relação, o seu dossiê ia ser analisado muito depois. Tinha de criar um bom relacionamento para que a coisa fluísse corretamente. Por exemplo: quando mudava o preço de uma*

---

1 Parte líquida do petróleo, utilizada como matéria-prima na indústria petroquímica. Pode ser utilizada para produzir outros produtos químicos, como eteno, propeno, butadieno, benzeno, tolueno e xilenos.

2 Hidrocarboneto utilizado principalmente em indústrias têxteis para a produção de poliéster e também na produção de materiais plásticos.

3 Composto orgânico conhecido pela sigla PTA (do inglês: ácido tereftálico purificado), serve como matéria-prima para a produção de poliéster e garrafas PET.

matéria-prima muito importante no custo, você saía correndo, pegava a nota fiscal com o novo preço no primeiro caminhão que saía da fábrica do fornecedor, tirava uma cópia e punha alguém num avião para ir ao Rio de Janeiro [onde ficava a sede do CIP]. A empresa iria à falência se não reajustasse os preços. Sem exagero. Porque os aumentos da inflação eram de 15%, 20% do dia para a noite. Você tinha de repassar isso para o produto. Era realmente importante ter uma relação correta."

O trâmite era o seguinte: a Rhodia tinha de preencher uma planilha demonstrando o seu custo de produção. O CIP, então, determinava uma margem de lucro e, assim, tinha-se o preço que a empresa estava permitida a praticar. Para Musa, isso tornou a indústria brasileira deficiente em práticas modernas de gestão, apesar de competentes para gerir capital de giro porque precisavam lidar com a inflação exorbitante.

Para dar um exemplo de como o incentivo à inovação era prejudicado, ele relata uma visita que fez a uma fábrica da Rhodia em São José dos Campos, interior de São Paulo. Na ocasião, ele foi abordado por um funcionário que havia desenvolvido uma solução para reduzir o custo de produção de um produto em 30%. O gerente financeiro da unidade, no entanto, não havia permitido a melhoria, pois a diminuição do custo teria impacto direto na planilha que era enviada ao CIP, que poderia vetar reajustes de preços nos anos futuros.

Na segunda metade dos anos 1980, já em outro cenário político, mas ainda com as restrições no mercado, a Rhodia enfrentou um episódio de superprodução de fenol, enquanto havia escassez do produto no mercado. A unidade química da Rhodia em Paulínia produzia mais do que precisava para atender à própria demanda e da Têxtil, na fabricação de *nylon*. A capacidade era de 100 mil toneladas por ano, mas apenas 50 mil eram utilizadas pela Rhodia. O restante era vendido no mercado nacional a um preço bem abaixo do praticado no exterior. O governo, porém, proibia a exportação do excedente. João Paulo Somers, que estava à frente da Divisão Química na época, relata que foi uma oportunidade perdida:

"Chegou um momento em que vendíamos a tonelada no mercado interno a US$ 400, enquanto o preço mundial era US$ 1 mil. Nós tínhamos disponíveis 30 mil toneladas que podiam ser vendidas para o mercado externo a US$ 1 mil a tonelada, um faturamento de US$ 30 milhões. O Governo não permitia."

Somers também desenvolveu um projeto para ampliar a produção de fenol na Rhodia, visando uma possível exploração do mercado internacional — em países como a Alemanha e os Estados Unidos, havia indústrias químicas com capacidade de produção quatro vezes maior que a da Rhodia — aproveitando-se do aumento na demanda pelo produto. Mas a ampliação da planta da Rhodia em Paulínia envolvia aumento no consumo da matéria-prima, que era fornecida pela estatal Petroquisa e exigia aprovação do CDI.

> *"O chefe do Conselho, me lembro até hoje, chamou-me e disse: 'Somers, você não vai levar esse fenol. Eu não vou deixar, você não vai fazer'. Era ridículo, porque não havia outra empresa querendo iniciar a produção — éramos só nós que tínhamos a tecnologia, engenharia, terreno... Essa briga durou anos. Até que Musa conseguiu negociar com o Governo uma associação. Nós nos associamos à Ipiranga. Durante um ano e meio, dois anos, fizemos reuniões mensais para discutir as técnicas do processo todo."*

A parceria prometia ser grandiosa: previa a implantação de uma unidade química, no Polo Petroquímico de Triunfo, no Rio Grande do Sul. Mas o projeto começou a se alongar mais do que o esperado. Como solução, Somers enviou uma equipe de engenheiros à França para obter auxílio na sede mundial da Rhône-Poulenc. Quando o serviço foi concluído, os franceses enviaram a conta, que deveria ser repartida com a Ipiranga. No entanto, os sócios não concordaram com o valor, a sociedade foi desfeita, não houve exportação e a fábrica de fenol não foi ampliada.

Os interesses escusos por trás dos verdadeiros motivos das restrições impostas pelo Governo às vezes vinham à luz. Foi o caso de outro projeto citado por Somers: a inauguração de uma unidade de ácido salicílico (AS) em Paulínia. O mesmo CDI que barrou a exportação do fenol, queria proibir a Rhodia de produzir a matéria-prima que era utilizada principalmente pela farmacêutica alemã Bayer. Somers descobriu que a Carbonor, empresa comandada por um ex-presidente da República, o general Ernesto Geisel, tinha um projeto similar em andamento. A direção da Rhodia orientou Somers a negociar com Geisel e propor uma *joint venture*, tendo em vista que a tecnologia que a Carbonor pretendia utilizar era ultrapassada. Mas o militar fez diversas exigências e não houve acordo. Mesmo assim, Somers conta que Geisel ainda saiu no lucro.

"Como não houve entendimento, fizemos nossa unidade. Na nossa primeira entrega do AS para a Bayer, o presidente da empresa me ligou — eu o conhecia bem porque a gente se encontrava nas reuniões da Abiquim. Ele estava bravo e perguntou-me: 'Que molecagem é essa?'. Fiquei sem entender... Ele disse: 'Eu comprei a primeira entrega de AS, mas veio na embalagem do Geisel.' Dei risada e disse: 'Eu deveria ter avisado você... É que nós fomos proibidos de vender o AS. Saiu uma portaria que proibia empresas estrangeiras de vender o insumo. Isso foi negociado pelo Musa; nós faríamos o produto e ele seria colocado na embalagem da Carbonor.' Aí, o presidente da Bayer brincou: 'Você me manda o AS no saco do Geisel?'. Eu respondi: 'Esqueça isso e jogue a embalagem fora, porque o que tem dentro é nosso'. Não me lembro quanto tempo isso durou, mas fabricamos o AS e ele está lá até hoje."

Essas concessões que a Rhodia negociava renderam frutos no futuro. Quando Walter Cirillo já era presidente da Rhodia, no início dos anos 2000, obteve uma prova de como a Rhodia tornou-se respeitada também no meio institucional:

"Eu fui convocado para uma reunião com outras indústrias e dois ministérios, que cuidavam da área econômica e de comércio exterior. O tema era esforço de exportação. O Brasil precisava de um esforço de exportação das indústrias brasileiras para melhorar a balança comercial. Eu fui convocado, cheguei lá, levantei a mão e disse 'olha, eu estou aqui com toda a boa vontade, mas vocês têm de lembrar que eu não sou uma indústria brasileira. A Rhodia é francesa!'. Aí vira o cara lá do ministério, que eu não me lembro o nome, e fala: 'Walter, negativo. Vocês são brasileiros, sim. Ponto'. Então tinha essa confiança de quem conhecia a Rhodia, quem tinha tido alguma relação com a Rhodia, de que você fazia o jogo do país."

A Rhodia também contribuiu para regulamentar o transporte de cargas perigosas no Brasil. A primeira legislação é de 1988. Na década seguinte, o Brasil ainda registrava, em média, um acidente envolvendo transporte de produtos químicos por dia, demonstrando que a regulamentação precisava ser aprimorada. A imagem de todo o setor químico ficava arranhada. Algumas das principais companhias uniram-se para propor soluções, já que as matérias-primas e os produtos finais do setor dependiam do transporte rodoviário, podendo causar acidentes com consequências graves à população e ao meio ambiente.

Vito di Sessa[1] acompanhou de perto, enquanto atuou na área de Logística da Rhodia, um trabalho realizado para sensibilizar o poder público sobre a importância do tema. José Eduardo Sartor, que foi gerente da área de Logística para a América Latina da Rhodia nos anos 2000, capitaneou o trabalho. Ele tomou a iniciativa de reunir alguns dos principais produtores na Abiquim (Associação Brasileira da Indústria Química). Empresas como Basf, Dow e Dupont uniram-se à Rhodia para pleitear, junto ao Governo Federal, que a Associação Nacional de Transportes Terrestres (ANTT) coordenasse todo o transporte de cargas no Brasil. Vito descreve como era o cenário:

"O que a gente precisava era fazer uma legislação única, porque elas eram estaduais e fragmentadas. A falta de uma legislação centralizada representava um grande problema e criava barreiras comerciais. Nós oferecemos um modelo de legislação com o que tinha de melhor na Europa e nos Estados Unidos. Juntamos e passamos tudo para a ANTT. Várias transportadoras participaram da discussão. A Rhodia teve uma participação importantíssima nesse processo, na hora de pressionar o Governo para resolver a situação. Foi um ganha-ganha, todos foram beneficiados."

As discussões tiveram início por volta de 1997. Desde 2001, é atribuição da ANTT regulamentar e das Polícias Rodoviárias fiscalizar o transporte de cargas perigosas em todo o território nacional. As transportadoras de produtos químicos precisam estar cadastradas no órgão federal. Para isso, foi criado o Sistema de Avaliação de Saúde, Segurança, Meio Ambiente e Qualidade (Sassmaq), em acordo com as principais transportadoras do país. Os empresários do setor ganharam credibilidade ao serem auditados e considerados aptos a transportar produtos químicos com segurança.

Outra vantagem para produtores e transportadores foi a capacitação dos motoristas para lidar com a carga e descarga dos produtos — antes, a tarefa era atribuição de funcionários das empresas que contratavam o frete. Ambos os lados se beneficiaram: a indústria passou a economizar com mão de obra e as transportadoras ganharam eficiência, já que os caminhões passavam menos tempo parados aguardando serem carregados ou esvaziados. Em julho de 1997, a Rhodia recebeu da Polícia

---

1 Engenheiro (USP), bacharel em Direito (USP) e jornalista (PUC-SP). Trabalhou na Rhodia de 1987 a 2019, com passagens pelas áreas de Manutenção, Informática, Engenharia e Suprimentos.

Rodoviária Estadual de São Paulo um troféu em reconhecimento pela contribuição dada na elaboração da regulamentação, que deu origem ao *Manual para Transportes de Produtos Perigosos*.

A equipe de Sartor atuou ativamente também para apoiar a construção do Rodoanel, rodovia que interliga as principais estradas que passam pela Região Metropolitana de São Paulo. A função da via, inicialmente, era desafogar o trânsito da capital paulista, diminuindo o chamado "tráfego de passagem", quando veículos que não têm São Paulo como destino final precisam passar por dentro da cidade por falta de caminhos alternativos. Mas a Rhodia se preocupava também com a redução de acidentes dentro da capital paulista. Acidentes com vazamento em centros urbanos podem ter consequências bem piores do que em estradas com poucos habitantes no entorno.

O pleito da Rhodia e do setor químico foi considerado na concepção do Rodoanel: não é permitido construir ao longo da rodovia e os acessos são exclusivos para outras estradas, sem ligação com as zonas urbanas. As obras tiveram início em 1998.

Influência no setor químico

O caso da regulamentação do transporte de cargas perigosas foi bem-sucedido graças à Abiquim, que reúne até hoje as principais empresas do setor. Lá na década de 1960, a Rhodia já havia demonstrado sua força no segmento ao ser uma das seis empresas fundadoras[1] da entidade, constituída em 1964 devido à necessidade do setor de negociar em bloco na recém-formada Alalc (Associação Latino-Americana de Livre Comércio, entidade precursora do Mercosul)[2]. O superintendente da Rhodia naquela época, Júlio Sauerbronn de Toledo[3], foi o primeiro a presidir a Abiquim. Antes, a organização mais bem-estruturada no país era o Sinproquim[4], que representava apenas as indústrias paulistas.

1 As outras foram Quimbrasil, Girardi, Alba, Union Carbide e Squibb.

2 Bloco econômico criado em 1960 por Argentina, Brasil, Uruguai, Chile, México, Paraguai, Peru e Bolívia. Dez anos depois, passou a contar também com Venezuela, Equador e Colômbia.

3 Químico, paulista de Santos, também foi secretário-geral do Conselho Federal de Farmácia. Faleceu em 1987.

4 Sindicato das Indústrias de Produtos Químicos. Fundado em 1931.

O advogado Arnaldo Marqui[1], que foi um dos autores do estatuto da Abiquim, recorda-se que "foi uma percepção basicamente de Júlio Sauerbronn de Toledo e de alguns outros de que faltava uma entidade para ser a interlocutora nas negociações empresariais que tratavam de concessões tarifárias de produtos químicos". Sauerbronn permaneceria à frente da Abiquim desde sua fundação até 1971. O principal objetivo da associação, registrada em sua ata de fundação, era "coordenar e defender os interesses das indústrias químicas e de produtos derivados do Brasil no âmbito da Alalc, conferindo especial relevância aos problemas atinentes à integração e complementação econômica". Mas o espaço sempre foi aberto também para troca de experiências. Cláudio Takase destaca que a Rhodia sempre teve a postura de compartilhar conhecimento em prol do desenvolvimento do setor químico no Brasil.

> *"A disseminação da cultura e da técnica Rhodia era também feita por meio da Abiquim. Tudo o que era possível, a Rhodia compartilhava via Abiquim. A associação tinha diversas comissões, como instrumentação, meio ambiente, processos etc... E nessas comissões, várias vezes eu fiz palestras. Era assim que a Rhodia disseminava conhecimento."*

Luiz Gil, que foi engenheiro de segurança de processos na Unidade Química de Paulínia (UQP) entre as décadas de 80 e 90, atuou em vários projetos na Abiquim, alguns deles em conjunto com a equipe de Takase. Ele tem lembranças da entidade como um ambiente propício ao compartilhamento de aprendizados na área de segurança de processos:

> *"A Rhodia era referência no tema e a grande vitrine foi a Abiquim. Nós elaboramos cursos de segurança de processos. A entidade fez a divulgação e ficamos conhecidos."*

Até hoje, diversos representantes da Rhodia ocupam cargos em conselhos e comitês da associação. Marcos Antonio De Marchi, que chegou a presidir o Conselho Diretor da Abiquim, ressalta a influência que rhodianos e ex-rhodianos exercem na entidade: "uma reunião típica da Abiquim tem pelo menos seis ou sete ex-Rhodia. Fora isso, cerca de metade dos conselheiros da Abiquim também passou por lá".

---

1 Depoimento para o livro *Abiquim 50 anos - Química Presente na Construção do Futuro.*

Aproximação com o meio acadêmico

Nos anos 1970, os recém-formados em instituições como ITA, Poli-USP, FEI e Mauá eram intensamente disputados pelas grandes empresas nacionais e estrangeiras. Antes mesmo de se formarem, muitos dos estudantes de engenharia já estavam com emprego garantido. Com a Rhodia não era diferente. Para sair na frente da concorrência, a empresa investiu institucionalmente com o objetivo de se aproximar das faculdades, especialmente as de engenharia.

Para a maioria dos alunos, trabalhar numa multinacional ou estatal era o objetivo de carreira. A aproximação com a academia foi reforçada nos anos 1980 e 1990, com três ações paralelas: a criação da Uniemp (Fórum Permanente das Relações Universidade-Empresa), a parceria com a Fundação Dom Cabral e a criação do Instituto Brasileiro de Qualidade e Produtividade (IBQP). Com a participação ativa da Rhodia, a Uniemp desempenhou um papel importante na consultoria para o Governo do Ceará, como explica Eduardo Barrella:

> *"A Uniemp era uma fundação que juntava universidade e empresa. No Ceará, eles idealizaram o planejamento estratégico do estado e formaram multiplicadores de conceitos, metodologias e mudanças que eram característicos do PRHOEX. E nós fomos um a um para o Ceará fazer imersões nos multiplicadores, que eram pessoas do sistema público, ou seja, eram do governo, universidade e empresa. E tem um livro que conta esse case, que é maravilhoso, chama-se Gestão Compartilhada - O Pacto do Ceará[1]."*

Na Fundação Dom Cabral, além da formação de executivos para a Rhodia, foi estabelecida uma troca pessoal do seu presidente com a instituição, como lembra o engenheiro Carlos Cardoso:

> *"Musa era uma referência da Dom Cabral na parte de excelência. Ele levava cases nossos e ajudou a criar o Instituto Brasileiro da Qualidade e Produtividade [IBQP]. O Alckmin foi um dos primeiros conselheiros."*

---

1 Autoria de Osmundo Rebouças, Cláudio Ferreira Lima, Flávio Paiva e João de Paula Monteiro. Publicado em 1994 pela Editora Qualitymark.

Alckmin (de pé) em evento sobre qualidade total: olhar atento da ex-ministra Dorothea Werneck

Com sede em Brasília, o IBQP foi fundado em 1995 e reúne empresas, órgãos governamentais, ONGs, universidades, entidades de classe e cidadãos comuns que têm como objetivo contribuir para o desenvolvimento de práticas de gestão tanto para o setor público quanto o privado. Atualmente, com sede em Curitiba, o instituto desenvolve cursos, treinamentos, pesquisas de mercado e presta consultoria para empresas.

Os aprendizados de Cubatão

Uma rede de *stakeholders* "investiga, avalia e procura mudar ativamente o comportamento de instituições em busca de um melhor alinhamento com os valores e interesses de seus participantes", de acordo com Don Tapscott e David Ticoll[1]. O contexto da citação é um cenário onde a *Internet* começava a propagar e facilitar a troca de informações, no início do século XXI.

Décadas antes, porém, a Rhodia já tinha começado a lidar com uma grande e importante rede de *stakeholders* em um caso que marcou a história da empresa — e não necessariamente no bom sentido — no qual precisou dialogar com a população, empregados, poder público e a imprensa devido à grande repercussão na mídia local e nacional. Tudo começou em 1975. Na França, a Rhône-Poulenc absorveu a Progil que,

1 Dois dos pesquisadores da área de negócios mais renomados do mundo. Trecho retirado do livro *A Empresa Transparente - Como a Era da Transparência Revolucionará os Negócios.*

por sua vez, possuía uma subsidiária sediada em Cubatão: a Clorogil. Como representante brasileira do grupo, a Rhodia passou a ser responsável pela planta instalada na Baixada Santista. Ali, eram fabricados dois produtos utilizados na área agrícola (o pentaclorofenol, conhecido como "pó da China", e o pentaclorofenato de sódio[1]), além de outros dois solventes de utilização industrial produzidos a partir do cloro.

Em 1977, o então superintendente da Rhodia, Jean Michel Romano, incumbiu o engenheiro João Paulo Somers de chefiar a Divisão Química da empresa, após 20 anos de trabalho na Divisão Têxtil. O primeiro grande desafio de Somers na nova função seria paralisar a produção dos pentacloros na Usina Química de Cubatão (UQC), como a planta passou a ser batizada após o início da administração da Rhodia. Somers relata:

> *"No dia em que assumi, a primeira instrução do Romano foi: 'olha, Cubatão tem duas fábricas. Uma delas, você quebra e corta em pedacinhos. Você é engenheiro e sabe fazer isso. Não quero mais essa fábrica'. Ele estava falando sobre a fábrica do pentaclorofenol e pentaclorofenato de sódio. São dois produtos altamente tóxicos e horríveis de manipular."*

No ano seguinte, a fábrica já havia deixado de operar e a UQC seguiu apenas produzindo os solventes. Em 1980, teve início um projeto para remediar contaminações identificadas no solo da unidade devido à produção dos dois produtos. E o problema ia além: a transportadora contratada para dar destinação adequada aos resíduos estava descartando irregularmente os dejetos às margens de uma rodovia que liga Cubatão ao litoral sul de São Paulo. Foram identificados pontos de contaminação em outras cidades da Baixada Santista.

Uma das soluções foi criar uma célula de gerenciamento de crise para prever situações semelhantes e definir procedimentos mais ágeis que pudessem amenizar as consequências. Hoje, isso é comum em diversos setores da economia, mas era algo inovador nos anos 1980. Somers procurou ajuda no exterior para lidar com o percalço. A Dow Chemical havia passado por um problema semelhante nos EUA e indicou um engenheiro aposentado para ser uma espécie de consultor no trabalho.

> *"Esse cara veio e passou uma semana comigo em Cubatão. Quando ele retornou, o relatório era bem curtinho, escrito à mão. Dizia mais ou menos o seguinte: 'procurem um local onde seja possível cavar um buraco grande, que deve ser revestido com argila (30 cm de espessura) e*

---

1 Sal obtido a partir do pentaclorofenol. É solúvel em água e, por isso, tem alto grau poluente.

armazene tudo lá dentro. Cubra com terra, plante umas flores e esqueça. Se você fizer isso, estimo que você vá gastar uns US$ 350 mil' — e ele terminava dizendo assim: 'Do it now! Do it today! Otherwise, you are going to spend US$ 30 million'."[1]

A solução indicada pelo americano foi imediatamente descartada, após alguns entraves. Em 1987 foi decidido adotar a instalação de um incinerador na UQC. Os resíduos descartados irregularmente foram coletados pouco a pouco e levados de volta a Cubatão para serem incinerados — no total, cerca de 70 mil toneladas de solo contaminado. A operação durou até 1993, quando a planta foi interditada em definitivo após determinação judicial. Além das consequências ambientais, a Justiça levou em conta denúncias de que empregados estariam sendo contaminados. Tanto o incinerador quanto a fábrica de solventes foram, então, fechados. Em 1995, a Rhodia assinou um Termo de Ajustamento de Conduta (TAC) com o Ministério Público, com o compromisso de reparar os danos ambientais e de saúde aos empregados.

A empresa criou, inclusive, uma área específica para cuidar desse passivo ambiental e trabalhista: a Direção Regional da Baixada Santista. Em 1997, foi construída uma estação de tratamento de águas subterrâneas no terreno da Rhodia. Nos anos 2000, mesmo com a fábrica já fora de operação, os trabalhos seguiram sendo feitos: biorremediação do solo nos locais contaminados em Cubatão e Itanhaém e incineração de resíduos em empresas especializadas.

Já os empregados afetados pela contaminação continuaram sendo assistidos pela Rhodia, com salários, plano de saúde e benefícios mantidos mesmo após a UQC ser fechada em definitivo. O engenheiro Ricardo Mantovanini entrou na empresa em 1978, como estagiário, e só saiu em 2017, quando se aposentou. Nos últimos nove anos de carreira, ocupou o cargo de Diretor Regional da Baixada Santista. Ele detalha quais foram as principais lições do episódio para a Rhodia:

"Acredito que o aprendizado mais importante seja a responsabilidade sobre as consequências em nossas unidades; sobre o que fizemos ou deixamos de fazer. Independentemente dos custos envolvidos, a Rhodia sempre fez o que foi necessário para sanar as consequências da operação da UQC. Um segundo aprendizado é a busca de excelência em tudo que a Rhodia faz: mesmo os processos de remediação, que

---

1 "Faça isso agora! Faça isso hoje! Do contrário, você terá de gastar US$ 30 milhões.", em português.

não faziam parte do conhecimento da Rhodia, foram gerenciados e desenvolvidos para que tivéssemos os melhores processos possíveis e sempre mantendo um padrão elevado de segurança para os atuais empregados, vizinhos e meio ambiente."

O episódio de Cubatão representou um grande desafio na história da Rhodia, com lições que foram aprendidas a duras penas. Mas, felizmente, foi um fato isolado. Como veremos na sequência, os impactos positivos deixados pela Rhodia foram muito mais relevantes. Sérgio Kimimassa Nagao, engenheiro mecânico formado pelo ITA em 1977 e que começou na Rhodia como *trainee* na usina de São José dos Campos, lembra que a empresa tinha a cultura de envolver a equipe de processos, de operação, de manutenção, de segurança e de meio ambiente em todos os projetos. Com isso, na década de 90, a Rhodia era considerada como *benchmarking* na Gestão da Manutenção no Brasil.

Tocando corações e mentes

A relação da Rhodia com a Unicamp é lembrada até hoje

Por Fátima Lisboa Nascimento[1]

Em 1993/4, André Leite Alckmin lecionava *Filosofia da Qualidade* no Mestrado em Qualidade do IMECC (Instituto de Matemática, Estatística e Ciências da Computação) da Unicamp. Ele trabalhava na Rhodia e era um dos responsáveis, junto com outros integrantes, pelo processo de transformação gerencial e cultural da organização. Eu não trabalhei na Rhodia, mas acompanhei e desfrutei desse extraordinário processo.

O PRHOEX atravessou os portões da Rhodia e adentrou a universidade. As aulas do André eram uma revolução. Não havia provas, notas nem controle de presença. E o professor fazia mais perguntas do que ensinava. E se desdobrava para ficar invisível e não atrapalhar o aprendizado dos alunos. Todos recebiam nota 10 no primeiro dia do curso. As aulas aconteciam em um grande círculo onde todos tinham espaço para falar e se expressar. Perspectivas antagônicas eram respeitadas e valorizadas.

1 A administradora de empresas Fátima Lisboa Nascimento é diretora e sócia fundadora da consultoria de gestão Solmaior e tem mestrado em qualidade pela Unicamp.

No início de cada semestre, formavam-se filas de alunos do lado de fora da sala de aula pedindo para repetir a matéria como ouvinte junto com os 20 regularmente matriculados. O conteúdo era o mesmo, mas a experiência era sempre única e rica. Eu e vários colegas repetimos sua disciplina por quatro vezes. Todos os semestres lá estávamos nós de novo. A comoção dos alunos era tão grande para participar daquela roda de aprendizagem que a secretaria da UNICAMP chegou a alterar o código da disciplina para valer novamente como crédito para os alunos repetentes.

O curso era multidisciplinar e só eram aceitos alunos com pelo menos três anos de experiência no mercado de trabalho e, de preferência, em cargos de liderança. Os professores prediletos eram seguidos nos intervalos entre as aulas. Rodas de conversas formavam-se naturalmente nas áreas comuns do IMECC e nas cantinas do entorno. Aquele ambiente era um verdadeiro celeiro de aprendizagem e enriqueceu definitivamente nossas vidas pessoais e profissionais.

Todo o conteúdo da filosofia gerencial da Rhodia e formas de aplicação nos foi ensinada na disciplina *Filosofia da Qualidade* ministrada pelo André. Ele e seus colegas viajaram pelo mundo para beber das principais fontes que deram origem ao PRHOEX. Foi naquela época que conhecemos os trabalhos de autores consagrados como Willian E. Deming, Peter Senge, David Bohm, Robert Greenleaf, Frijof Capra, Csikszentmihalyi, Viktor Frankl, Edgar Schein, Maturana & Varella e Chris Argyris.

Muitos eram desconhecidos no Brasil. Uma das metodologias que utilizávamos na época, para gestão sistêmica de mudanças e inovação, e que até hoje é considerada atual e inovadora, chama-se *Future Search Conference* e foi desenhada por Marvin Weisbord. Além do enorme desafio para esse tipo de trabalho ser contratado pelas empresas, ainda tínhamos de lidar com o fato de que os hotéis não dispunham da estrutura necessária, com as mesas redondas para realizarmos as reuniões, que precisavam ser confeccionadas exclusivamente.

Até hoje existem empresas no Brasil que desconhecem o poder do arsenal de conhecimentos que estudávamos na época: organizações que aprendem, liderança servidora, poder do diálogo, rotinas organizacionais defensivas, sistemas complexos, grupos autogerenciados, comunidades de práticas, tensão criativa, ciclos de mudança, prontidão para a mudança, ferramentas da qualidade, teoria dos sistemas, paradigmas, sistemas de recompensa, inteligência emocional, dinâmicas humanas, busca do sentido da vida e outras. Os fundamentos gerenciais do PRHOEX agrupavam todo esse conhecimento em três grandes pilares: compreensão sobre gente, compreensão sobre organizações e compreensão sobre a natureza.

Então, o que faz a história do PRHOEX ainda ser extraordinária? Aos que beberam dessa fonte no mestrado em Qualidade da Unicamp, eu diria que foi o processo de aprender e praticar. O desafio hoje é replicar a magia que estava contida naqueles processos pouco lineares. Havia uma inspiração que vinha da alma em toda aquela jornada. E era um movimento tão pulsante e amoroso que, em certo ponto, um grupo de alunos, que já frequentava as aulas do André há pelo menos uns quatro semestres, decidiu continuar de forma independente da Unicamp. E assim nasceu o Instituto do Aprender Alckmin (IAA) e as comunidades de práticas de *Human Dynamics*. Por cerca de 15 anos, com encontros ininterruptos e permanentes, pudemos nos aprofundar ainda mais em toda a proposta do PRHOEX, fazer a releitura, incluir novos conteúdos correlacionados, praticar e experimentar novas aplicações.

Algumas dessas pessoas tornaram-se consultores empresariais e continuam a transmitir o legado que aqueceu seus corações e foi integrado em suas bagagens de vida. Eu sou uma dessas pessoas. Há cerca de 25 anos venho disseminando esse legado que constitui a principal base de todo o meu conhecimento e formas de atuação.

Melhor prevenir que remediar

A Rhodia, pelo menos desde os anos 1970, tinha uma cultura de prevenção de acidentes contra pessoas e patrimônio. Ao longo dos anos, diversos programas, metodologias e soluções foram aplicadas com esse objetivo.

Segurança preventiva

O conceito de Pirâmide de Frank Bird, que explora a visão sistêmica para evitar acidentes e doenças do trabalho, começou a ser praticado na empresa desde o começo dos anos 1970. Embasados na análise técnica de acidentes ocorridos, eram desenvolvidos procedimentos para evitar que se repetissem. Como consequência dessa metodologia e outras similares, nasceram programas preventivos que levavam nomes como "Quase Acidentes", "Pare" e "Disque-Acidentes". E vale dizer que essa preocupação com segurança ultrapassava os "portões" de suas usinas: havia, por exemplo, um folheto chamado *Guia do Condutor Rhodia* para orientar motoristas no transporte de cargas perigosas.

E, em 1978, quando foi aprovada no Brasil a *Norma Regulamentadora 5*[1] que criou a Comissão Interna de Prevenção de Acidentes (CIPA), logo a empresa passou a ter a sua. Bombeiros passaram a ter equipamentos sofisticados e receberam treinamento especializado. Pouco depois, a metodologia *International Safety Rating System* (ISRS)[2] foi implantada pela Rhône-Poulenc nos *sites* químicos. Esse foi possivelmente o primeiro sistema integrado de segurança e saúde ocupacional do mundo, quase uma antecipação ao ISO 14001 nos anos 1990 e ISO 45001 décadas depois.

Segurança nos processos

A preocupação da Rhodia com riscos de acidentes acentuou-se após três grandes ocorrências em indústrias químicas impactarem o mundo: em Flixborough, UK (1974)[3], em Seveso, Itália (1976)[4] e em Bhopal, Índia (1984)[5]. Essas situações escancaram os grandes riscos no setor que logo passaram a integrar as agendas governamentais e empresariais. A unidade Paulínia, em São Paulo, por exemplo, incluiu em suas atividades um processo robusto de prevenção de perigos e riscos, desde a fase inicial nos laboratórios de projetos até a operação em si.

Sistema de gerenciamento global

Na década de 1990, a Rhodia incluiu ações de responsabilidade ambiental em seu ISRS com base na implantação de um sistema desenvolvido pela Rhône-Poulenc. Era o SIMSERP, *Système Integré de Mangement de Sécurité Environement Rhone-Poulenc* (em português, "sistema integrado de

1 A NR5 pertencia à Portaria 3214, aprovada em 08 de junho de 1978 pelo Ministério do Trabalho.

2 É um método de auditoria de segurança criada em 1978 e que, atualmente, é propriedade do organismo certificador DNV (Det Norske Veritas), sendo largamente utilizado em todo o mundo.

3 No sábado 1.° de junho de 1974, houve uma explosão em uma fábrica de produtos químicos perto da vila de Flixborough, North Lincolnshire, Inglaterra. O desastre matou 28 pessoas e feriu 36, porém, poderia ter sido maior se tivesse acontecido num dia útil.

4 Em 10 de julho de 1976, na cidade de Seveso, na Itália, tanques de armazenagem na indústria química ICMESA romperam e um produto se espalhou por grande área na planície Lombarda, entre Milão e o lago de Como.

5 Em 1984, um vazamento de gás ocorreu na fábrica de pesticidas Union Carbide India Limited (UCIL) em Bhopal, Madhya Pradesh, Índia. Mais de 500.000 pessoas foram expostas ao gás isocianato de metila (MIC).

gerenciamento de segurança, meio ambiente"). O sistema consistia em um *check list* com mais de mil questões sobre Saúde, Segurança e Meio Ambiente (SSMA)[1] que deveriam ser respondidas pela equipe rhodiana. Com as respostas "em mãos", era elaborado um plano de gestão completa, que posteriormente seria auditado.

Saúde da equipe

A preocupação com a saúde de seus funcionários também estava presente na cultura da Rhodia. Em cada unidade havia um médico para prestar atendimento clínico e ocupacional à equipe. Para gerenciar o time, havia um médico responsável por estabelecer estratégias e metas.

O atendimento médico era voltado à prevenção e proteção da saúde dos funcionários. Faziam parte da equipe médica especialistas em medicina do trabalho e também profissionais multidisciplinares de HSE.

**contribuíram com este box: Álvaro Martins Calvão: Rhodia (Rhodia 1974–2001), Hertz Setti (Rhodia 1972-1999), Paulo Mari (Rhodia 1980–2005), Satoshi Kitamura (1981–2001), Deodato Mansano dos Santos (Rhodia 1984–2001), Gabriella Michelucci (Rhodia 1985–2001), Ricardo Calça (Rhodia 1980–2000), José Luiz Lopes Alves (1977–2004), Joaquim Correa Neto (Rhodia 1966–2001)*

1 Em inglês, o termo usado é HSE (sigla para *Health, Safety and Environment*).

Legados na Indústria, Tecnologia e Cultura

CAPÍTULO 10

Rhodia Farma e Ciências da Vida: Uma história marcada por contribuições incalculáveis

O metronidazol é um dos medicamentos mais comuns para combater inflamações e doenças parasitárias. Foi lançado no Brasil como comprimido pela Rhodia em 1960, com o nome de Flagyl. Mas somente cerca de 20 anos depois descobriu-se que ele poderia ser aplicado também no tratamento de infecções causados por germes anaeróbios[1], desde que em sua fórmula líquida, para ser injetado na veia do paciente durante ou depois das operações. E quem difundiu a possibilidade de utilização do Flagyl injetável em infecções foi a Rhodia.

A descoberta teve início num episódio ocorrido na década de 1970, quando um dentista inglês tentava de diversas formas tratar um abscesso dentário de uma paciente, causado por um germe anaeróbio. Apesar das diversas formas de tratamento, o rosto da paciente só inchava cada vez mais. Até que, num determinado dia, ela voltou ao consultório com o rosto normal, como se nada tivesse acontecido. Após realizar algumas perguntas, o dentista descobriu que a mulher havia passado por um tratamento ginecológico utilizando comprimidos de Flagyl. O profissional percebeu que poderia estar diante de uma descoberta importante para a medicina e acionou dois médicos pesquisadores: Trevor Willys e Yan Ferguson, que vislumbraram a possibilidade de desenvolver o Flagyl na forma injetável, para ser usado em assepsias durante procedimentos cirúrgicos, evitando infecções hospitalares.

1 Que não precisam de oxigênio para sobreviver.

Durante conversas com a matriz da Rhône-Poulenc na França, o médico Ruderico de Moraes[1] tomou conhecimento dos estudos que estavam sendo realizados na Inglaterra e entrou em contato com os pesquisadores. Diante do interesse de Ruderico, Willys o convidou para participar de um simpósio em Genebra, na Suíça, onde ele apresentaria detalhes da descoberta. Durante o evento, Ruderico foi convidado para ir até o laboratório de Ferguson, na Inglaterra, conhecer mais a fundo como o trabalho estava sendo desenvolvido. Lá, ele teve contato com as metodologias usadas pelo pesquisador em seus estudos. Em parceria com Ferguson, Ruderico começou a arquitetar uma série de eventos com médicos pelo Brasil para apresentar a possível forma nova de utilizar o Flagyl. Na Rhodia, a possibilidade foi vista como motivo de piada. O comentário, segundo Ruderico, era de que "toda hora inventavam um uso diferente para o Flagyl".

Apesar da desconfiança, a ideia obteve sinal verde da direção da Rhodia e a área comercial da divisão farmacêutica envolveu-se no processo. Foram adquiridos os mesmos materiais que Ferguson utilizava na Inglaterra para que laboratórios acadêmicos em todo o Brasil pudessem fazer a cultura das bactérias, fazer testes e esclarecer dúvidas quando o pesquisador estivesse no Brasil para realizar as apresentações. Ruderico recebeu o médico inglês e o acompanhou em parte da empreitada, que incluía cidades de norte a sul, começando pela capital pernambucana.

> *"Naquele tempo, voo internacional só descia no Galeão. Não vinha para São Paulo. Então, eu fui para o Rio de Janeiro encontrá-lo já com as passagens. De lá, fomos para Recife. No dia seguinte, a conferência lotou... O comercial tinha trazido cirurgiões da cidade inteira e também do interior. E assim foi se repetindo pelo trajeto... Eu vim até São Paulo para acompanhá-lo e depois um colega foi até Porto Alegre."*

O trabalho surtiu efeito. Em 1999, ano em que a Rhodia Farma deixou de existir, o Flagyl ocupava o segundo lugar em vendas pela Rhodia. Hoje, o medicamento é fabricado pela Sanofi e amplamente utilizado no tratamento de infecções pós-cirúrgicas. Medicamentos à base de metronidazol também são produzidos por mais de uma dezena

1 Formado em medicina pela Escola Paulista de Medicina, entrou na Rhodia em 1977. Estruturou a equipe da Gerência de Pesquisas Médicas, onde permaneceu até 1991, quando se aposentou.

de indústrias brasileiras. Entre elas, Legrand Farma, Laboratório Teuto Brasileiro e Cristália Produtos Químicos. O faro da Rhodia para explorar novos nichos de mercado e o empenho de sua equipe em buscar novas soluções contribuíram amplamente para o avanço dos estudos das ciências da vida no Brasil. E o exemplo do médico inglês é só um dos casos. Além da área farmacêutica, a Rhodia teve atuações marcantes nas áreas de agricultura e de saúde animal.

Nomes que fizeram história

Desde as origens, a Rhodia deixou marcas na indústria farmacêutica brasileira. Lá em 1924, começou a vender o analgésico Rhodine, feito à base de ácido acetilsalicílico (ou AAS), um dos medicamentos mais comuns hoje em dia — vendido inclusive sem necessidade de prescrição médica. Outro grande impacto da Rhodia na medicina brasileira foi a comercialização pioneira de remédios para tratar transtornos psiquiátricos e neurológicos, como já abordamos no início deste livro. Nootropil[1], Amplictil[2] e Gardenal[3] foram alguns dos medicamentos que fizeram história. Todos são comercializados até hoje e há diversos similares no mercado, o que foi permitido após a sanção da Lei dos Genéricos[4].

O administrador de empresas Marcos Henrique Arias trabalhou na Rhodia Farma de 1982 a 1999, chegando a ocupar o cargo de diretor financeiro. Ele lembra quando a alta cúpula da Rhodia tentou suspender no Brasil a produção do Gardenal, um dos medicamentos mais eficazes para tratar epilepsia[5]. A missão foi dada ao francês Jean Benier, que foi expatriado no Brasil, onde ocupava o cargo de vice-presidente da Rhodia Farma.

---

1 Medicamento com a substância piracetam indicado como ativador do metabolismo cerebral, neuropsicoestimulante e auxílio na concentração.

2 Medicamento com a substância clorpromazina indicado como antipsicótico, neuroléptico e em casos de esquizofrenia.

3 Medicamento com a substância fenobarbital indicado como anticonvulsionante e em casos de epilepsia.

4 Sancionada em 1999 pelo então presidente Fernando Henrique Cardoso, flexibilizou a produção de medicamentos no Brasil, permitindo a ampliação da concorrência no mercado e, consequentemente, a diminuição de preços para o consumidor.

5 Transtorno mental que pode atingir homens e mulheres de todas as idades. De acordo com dados de 2017 da Organização Mundial da Saúde, cerca de 50 milhões de pessoas têm a doença em todo o planeta e 80% dos casos são registrados em países de baixa e média renda.

A missão dada a Benier de encerrar a produção devia-se ao fato de que o Gardenal dava prejuízo. Apesar do alto volume de vendas (cerca de dois milhões de unidades por mês), o preço cobrado era muito baixo (cerca de 20 centavos de dólar). Mas o francês encontrou resistências, como Arias relata:

"Benier decidiu cortar a produção do Gardenal. Aí o Governo Federal quis punir a Rhodia. Isso causou uma repercussão enorme dentro do grupo. Nós ficamos com um auditor da Receita Federal quase seis meses dentro da companhia para levantar realmente por que dava prejuízo. Eles queriam multar, punir a Rhodia de alguma forma. Esse foi um dos motivos por que o francês foi embora. O Musa mandou ele de volta para a França."

O executivo francês André Trucy assumiu o comando da Rhodia Farma e a produção do Gardenal não foi descontinuada, para alívio de médicos e pacientes. Em 1999, o livro *80 Anos Construindo o Futuro*, que conta a história da Farma, informa que a manutenção do Gardenal era justificada pelo "compromisso social" da empresa. Naquele ano, o remédio era o mais vendido pelo laboratório. A situação na época era bem diferente da atual. Havia poucos fabricantes no mercado e a paralisação da produção de um remédio poderia significar um prejuízo incalculável para a saúde dos pacientes — daí a preocupação do Governo Federal.

Outros fatos também marcaram a relevância da Rhodia Farma no país. Em 1952, foi inaugurado o primeiro laboratório de especialidades, para a produção da penicilina. A instalação funcionou até 1970, quando outros antibióticos mais eficazes já haviam sido desenvolvidos.

Além do Gardenal, a Rhodia comercializava outros medicamentos que revolucionaram os tratamentos psiquiátricos. A clorpromazina, desenvolvida nos anos 1940 pelos laboratórios franceses da Rhône-Poulenc, é um deles. No Brasil, ele chegou em 1953, com o nome de Amplictil. Trata-se de um neuroléptico utilizado para evitar crises de portadores da esquizofrenia. Até então, não existia um medicamento que pudesse evitar que os pacientes fossem acorrentados enquanto passavam por tratamentos nas clínicas.

O Nootropil, por sua vez, foi desenvolvido pela companhia belga UCB e lançado no Brasil pela Rhodia em 1973. O composto ativa o metabolismo cerebral e ajuda na concentração. Ambos os medicamentos são fabricados pela Sanofi atualmente.

Já o anti-histamínico Postafen[1], desenvolvido na França, foi adaptado à realidade brasileira pelos pesquisadores locais da Rhodia. Além de controlar reações alérgicas, ele também estimulava o apetite dos pacientes. Foi desenvolvido, ainda, o Postavit, que incorporou à fórmula compostos derivados da vitamina B. Foi produzido na fábrica de Cabo de Santo Agostinho, em Pernambuco, e tornou-se um sucesso de vendas no Norte e no Nordeste, principalmente por conta da propaganda boca a boca de que o biotônico auxiliava a combater a desnutrição em crianças.

Um anti-inflamatório muito eficaz e que ainda é muito popular no Brasil é o cetoprofeno, sintetizado na França pela Rhône-Poulenc em 1967. Chegou às farmácias brasileiras pela Rhodia nove anos depois, com o nome de Profenid[2]. Inicialmente, era vendido somente em cápsulas. Foi no laboratório rhodiano em Santo André que se descobriu a possibilidade de utilizar o medicamento também como analgésico e produzi-lo na forma líquida.

A Lei dos Genéricos permitiu um acesso mais amplo a princípios ativos, que puderam ser sintetizados por mais fabricantes, evitando um monopólio no mercado e dando mais opções a médicos e consumidores. Os remédios que ficaram famosos graças à Rhodia continuam no mercado pelas mãos da Sanofi, mas agora concorrem com diversos similares e genéricos de outros laboratórios. O nome da Rhodia já havia deixado sua marca na história da medicina brasileira, com contribuições incalculáveis quando deixou de ser utilizado em 1999. Antes de seguir a leitura deste capítulo, confira o *box* na próxima página, que explica as empresas que surgiram como consequência dos processos de compra e venda das atividades de ciências da vida rhodianas.

Se nas ciências da vida a Rhodia exerceu um papel de grande influência, com produtos que fizeram história, não foi diferente no segmento têxtil. Como já mostramos, a empresa também marcou época e segue ditando tendências nessa área. É o que vamos explorar a partir de agora.

---

1 Medicamento com a substância buclizina indicado como anti-histamínico, antialérgico, estimulador do apetite e em casos de vertigem.

2 Medicamento com a substância cetoprofeno, indicado como anti-inflamatório não esteroide em doenças como artrite, bursite e osteoartrite.

Fusões e aquisições

A atuação da Rhodia no setor de ciências da vida foi marcada por diversas fusões e aquisições a partir dos anos 1980. Até 1973, as atividades farmacêuticas integravam o escopo da área química da companhia. Apesar de fabricar medicamentos desde o início, somente naquele ano a Rhodia passou a ter uma divisão exclusivamente farmacêutica: a Rhodia Farma.

Naquela época, os remédios eram produzidos em duas fábricas: a de Santo André, em São Paulo, e a de Cabo de Santo Agostinho, em Pernambuco. Nos anos 1980, ambas as unidades foram fechadas e o laboratório da Rhodia Farma passou a ser na cidade de São Paulo, após a aquisição das atividades da americana Upjohn no Brasil. Em 1992, as atividades farmacêuticas do Grupo Rhône-Poulenc em todo o mundo foram incorporadas a outro laboratório dos Estados Unidos: a Rorer, dando origem à Rhône-Poulenc Rorer (RPR). Entretanto, como já contamos neste livro, o início dos anos 1990 foi conturbado para a Rhodia Farma e os prejuízos constantes deixaram a subsidiária brasileira de fora do negócio.

A divisão farmacêutica passou a funcionar como uma empresa ligada apenas à Rhodia Brasil até 1995, quando a situação financeira melhorou e foi finalmente incorporada à RPR. A recuperação foi tão positiva que possibilitou aumentar a participação da empresa no mercado latino-americano. Em 1996, o jornal *Folha de S. Paulo*[1] noticiou o início da exportação para a Argentina, com planos de chegar também ao Chile, Paraguai e Uruguai. Rubens José Paulella, que era o diretor-geral da empresa, declarou à *Folha*: "reformulamos nossa produção, hoje unificada em uma única fábrica no Brasil. Em uma economia globalizada, é preciso ganhar economia de escala". Para unificar a produção em São Paulo, a Rhodia havia investido US$ 12,5 milhões, incluindo melhorias na fábrica e transferência de equipamentos de duas plantas desativadas: uma em Santo André (SP) e outra em Cabo de Santo Agostinho (PE).

Já a Rhodia Agro, criada em 1987 após a compra da totalidade da Companhia Nacional de Defensivos Agrícolas (CNDA - que era uma *joint venture* com a Nitrosin), expandiu-se no ano seguinte, com a aquisição da divisão de defensivos agrícolas da Union Carbide. O Instituto Veterinário Rhodia-Merieux, fundado em 1969, também passou por processos semelhantes. A unidade operou com esse nome até 1997, quando a Rhône-Poulenc fundiu essas operações com a americana Merck, dando origem à Merial.

1 https://www1.folha.uol.com.br/fsp/1996/8/04/dinheiro/30.html

Em 1999, o grupo Rhône-Poulenc se fundiu à alemã Hoechst, que deu origem a uma nova empresa mundial: a Aventis, que passou a controlar no Brasil a Rhodia Farma, a Rhodia Agro e a Merial. No século XXI, o grupo seguiu passando por mudanças.

Em 2002, a Rhodia Agro foi vendida à alemã Bayer. Dois anos depois, a Aventis fundiu-se com a francesa Sanofi, dando origem à Sanofi-Aventis, que seguiu com esse nome até 2011, quando o "sufixo" da franco-alemã Aventis deixou de existir. Os novos controladores optaram, em 2017, por vender as atividades da Merial à alemã Boehringer Ingelheim e seguir apenas com as atividades farmacêuticas. A Sanofi foi a responsável por continuar fabricando os medicamentos com os nomes lançados no Brasil pela Rhodia.

Além das farmácias: a relevância da Rhodia no agronegócio

As atividades farmacêuticas da Rhodia sempre foram mais populares por conta de os produtos serem comercializados, em sua maioria, diretamente com o consumidor final. Mas, ainda na área de ciências da vida, a companhia teve atuação relevante também na agricultura desde os anos 1940, quando lançou o inseticida Rhodiatox, usado no combate a pragas em lavouras e insetos em ambientes domésticos.

No início dos anos 1980, houve uma tentativa de expansão dos negócios, com a aquisição da Agroquímica Rafard (AQR) para produzir o furfural, um aditivo orgânico extraído do bagaço de cana. Com isso, a Rhodia passou a ter acesso ao álcool furfurílico e outros derivados. Anos mais tarde, a Rhodia fechou a AQR, pois o bagaço de cana começou a ser mais valorizado pelos produtores de açúcar e álcool como elemento energético, os quais passaram a usá-lo para substituir o óleo nas caldeiras — o que tornou a operação cada vez mais inviável e levou a Rhodia a encerrar a atividade. Mas foi só em 1982 que a Rhodia passou a ter uma empresa específica para sua atuação na área. Ao formar uma *joint venture* com a Nitrosin (agroquímica que produzia defensivos agrícolas, produtos de nutrição animal e para controle de pragas urbanas), deu origem à Companhia Nacional de Defensivos Agrícolas (CNDA), com uma fábrica instalada na cidade de Portão, no Rio Grande do Sul. Cinco anos depois, a Rhodia comprou 100% da empresa, renomeando-a como Rhodia Agro.

João Cesar Meneghel Rando, que chegou à Rhodia Agro em 1987, conta que, com a aquisição das atividades agrícolas da Union Carbide em 1988, a empresa passou a ter um novo posicionamento no mercado, pois antes comercializava produtos "genéricos" por meio de representantes sem especialização em agronomia:

> *"A Union Carbide tinha uma linha de produtos de alto valor agregado para o agricultor e exigia um bom conhecimento técnico. Todos os seus representantes comerciais eram engenheiros agrônomos e os produtos eram comercializados com base na relação custo/benefício. Com isso, exigia-se o estabelecimento de demonstrações práticas para que os benefícios advindos do uso do produto fossem percebidos pelo cliente. A fusão entre as duas empresas, uma com um modelo e posicionamento comercial forte e a outra com um modelo e posicionamento técnico, trouxe uma boa sinergia que, ao longo dos anos, resultou num crescimento expressivo para a empresa resultante."*

Uma reportagem de 1993 da revista *Rhodia Atualidades*, de circulação interna, detalhou a grandiosidade da unidade gaúcha de Portão. Ali, eram produzidos mais de 40 produtos diferentes, vendidos no Brasil e em países vizinhos. A planta abrigava também um laboratório e uma área de proteção ambiental com 50 mil metros quadrados. Outro destaque da Rhodia no segmento agro foi sua preocupação com a sustentabilidade. No início dos anos 2000, a empresa aderiu ao inpEV, uma solução de logística reversa de embalagens vazias e sobras pós-consumo de produtos defensivos. A associação sem fins lucrativos, com mais de 100 associados, opera um núcleo de inteligência capaz de integrar toda a cadeia produtiva agrícola. Dessa forma, o inpEV é considerado uma referência mundial, pois retira 94% de toda embalagem plástica primária utilizada pelo mercado agro no Brasil.

Se entre os agricultores a Rhodia tornou-se conhecida por seus produtos para o combate a pragas e insetos, entre os pecuaristas a marca ficou associada à atuação na área de saúde animal. O Instituto Veterinário Rhodia-Mérieux, fundado em 1969, em Paulínia, era especializado na produção de vacinas para bovinos, aves e suínos. De acordo com João Ferreira do Amaral Neto, que entrou na Rhodia no fim dos anos 1970, a empresa manteve-se líder no segmento veterinário até os anos 1990, lançando produtos disponíveis até hoje, como o antipulgas *Frontline*. José Geraldo Barella, que liderou essa divisão nos anos 1990, quando já existia a Merial, relata que o produto chegou a alcançar um bilhão de dólares no auge das vendas, sendo um dos mais vendidos no segmento até hoje.

Tenda montada pelo Instituto Veterinário Rhodia-Mérieux: divulgação da vacina trivalente contra aftosa

Entre 1996 e 1997, a Rhodia Agro passou por um processo de implantação do Projeto SAP (ERP), que se tornou referência dentro do negócio global de defensivos agrícolas. Para a implantação, foi realizado um *benchmark* com empresas de dentro e de fora do segmento agro, como Unilever, Nestlé e Fedex. João Meneguel Rando, então diretor geral da empresa, conta que o projeto de implantação do SAP, o qual se tornou conhecido como SCORPIOS (Satisfação do Cliente Obtida pela Revisão de Processos e Integração da Organização e Sistemas), gerou uma organização "nova", com governança estruturada, orientada para resultados:

> *"Todos os processos tinham missão, atividades, modelo de gestão e indicadores definidos e alinhados com a visão e objetivos estratégicos da empresa. Foi estabelecida uma estrutura organizacional, com base em células de mercado multidisciplinar com competências adequadas e suportadas pelos processos e funções de apoio."*

Para Nilton Ribera Perez, que participou por mais de 20 anos da trajetória da Rhodia no segmento de agronegócios, a empresa deixou um legado importante ao implantar tecnologias de formulação que a tornavam uma fábrica muito completa para a produção de herbicidas, fungicidas e inseticidas. Poucas agroquímicas ao redor do mundo tinham tanta versatilidade.

CAPÍTULO 11

Rhodia Têxtil: A revolução dos fios e das fibras

O Plano de Metas "50 anos em 5" do presidente brasileiro Juscelino Kubitscheck (1956–1961) priorizava o crescimento econômico, com base em investimentos na indústria e na substituição de importações. A Cia. Brasileira Rhodiaceta, a divisão têxtil da Rhodia, aproveitou bem a oportunidade que o momento oferecia. A empresa havia recebido licença internacional para ser a única produtora de poliamida (*nylon*) no país em 1955 e, para dar conta da demanda, sua fábrica em Santo André precisava operar ininterruptamente, mas a legislação vigente não permitia.[1] A permissão especial veio por meio de decreto assinado pelo próprio JK[2]:

> *"Art. 1° - Fica autorizada, em caráter permanente, a funcionar aos domingos e nos feriados civis e religiosos a Cia Brasileira Rhodiaceta, com sede em Santo André, no Estado de São Paulo (sessões de fiação, caldeiras, estiragem e engomagem), observadas as disposições legais vigentes, sobretudo as de proteção ao trabalho, e executados os serviços de escritório.*
> *Art. 2° - O presente Decreto entrará em vigor na data de sua publicação, revogadas as disposições em contrário."*
>
> *Rio de Janeiro, 30 de maio de 1956,*
> *135° da Independência e 68° da República.*
> *Juscelino Kubitschek*

1 Estava em vigor no país o Decreto de Lei 27.048/49, pelo qual todo empregado tinha direito a repouso remunerado aos domingos e feriados. Permissões especiais poderiam ser concedidas somente pelo Ministro do Trabalho, Indústria e Comércio.
2 Fonte: http://legis.senado.leg.br/norma/461855

O decreto contribuiu para que a Rhodia desse conta de um grande pico de produção da fábrica da Rhodiaceta, em Santo André. Embora suas operações tenham sido iniciadas em 1929, com a fabricação do fio de acetato de celulose, a empresa sentiu a necessidade de intensificar sua produção no final dos anos 1950, ao incluir o *nylon* na linha de produção. Era preciso atender à crescente demanda por meias femininas, roupas íntimas, biquínis e outras peças de roupa que invadiam o guarda-roupa da mulher brasileira.

Naqueles últimos anos da década de 1950, a economia mundial já havia se recuperado após o fim da Segunda Grande Guerra e o Brasil vivia os chamados Anos Dourados, com grande efervescência cultural e mudanças no estilo de vida da sociedade. Nas casas, as mulheres estavam livrando-se do trabalho pesado graças às tecnologias dos eletroportáteis e eletrodomésticos. Nas festas, os casais dançavam ao som do *twist* e do *rock and roll*.

Isso refletia-se também na moda brasileira, que começava a seguir as tendências mundiais estampadas nas capas da revista *Vogue*. As saias e os vestidos eram rodados, tinham um comprimento abaixo do joelho e marcavam a cintura — lembrando as princesas da Disney que já faziam sucesso na época. Luvas e meias soquete compunham o visual. Marilyn Monroe, Grace Kelly e Brigitte Bardot foram grandes ícones dessa época, ditando comportamentos e o estilo das jovens brasileiras e do mundo.

As roupas de baixo, antes usadas como uma necessidade, também passaram a se tornar mais delicadas, luxuosas e funcionais. As *lingeries* tornaram-se mais firmes, com o poder de afinar a silhueta ou achatar a barriga para deixar as mulheres mais elegantes nos modelos acinturados da época. Havia, portanto, uma grande demanda de acetato de celulose. Tecidos com essa matéria-prima eram sinônimo de sofisticação e *glamour* às peças íntimas, em substituição à antiga e cara seda.

Pouco depois, a moda assumia os padrões dos movimentos libertários, em que a escolha das peças de vestuário representava uma questão de atitude. Pelas ruas viam-se minissaias e vestidos com cortes retos, cores alegres, estampas geométricas e listras. As pernas de fora faziam dupla com as meias finas de *nylon*. Estas viraram item obrigatório no guarda-roupa de qualquer garota da época. Eram coloridas, algumas texturizadas ou desenhadas, dando um toque mais requintado às pernas. Acessórios chamativos como bijuterias e óculos grandes também compunham os *looks*.

E foi assim que, para dar conta da demanda, como a lei impedia o funcionamento da fábrica fora dos dias da semana, foi preciso acionar o presidente JK. João Paulo Somers atuou por 20 anos na têxtil e lembra bem como era a operação da unidade Santo André nessa época em que a empresa fabricava acetato de celulose e *nylon*. As máquinas funcionavam "24 horas por dia, sete dias por semana". Trabalhava-se muito, mas o ambiente era bom, de proximidade entre os engenheiros e a equipe. E Somers fazia questão de estar próximo à operação:

> *"Operários, contramestres, chefes de seção, todos sabiam meu nome. Era comum também eu sair de casa depois do jantar, lá pelas 21h30, e ir para a fábrica para ver como estava uma turbina ou uma caldeira que, por exemplo, o pessoal tinha consertado à tarde."*

A Rhodia entendia que o modelo de gestão sob o conceito *Management by Walking Around*[1] era o mais adequado para suportar sua operação ininterrupta. Para Walter Cirillo as escolhas de gestão da Rhodia permitiram que a empresa tivesse um ambiente propício à inovação e que, assim, tenha feito tantas contribuições para a modernização da indústria têxtil do Brasil. Atenta ao contexto da sociedade, a Rhodia traduzia seus anseios em matérias-primas para as tecelagens, sempre com base em tecnologias inovadoras.

Assim como em Santo André, a unidade de São José dos Campos também operava em ritmo intenso na mesma época. A fábrica pertencia à francesa CTA - *Comptoir des Textiles Artificiels* e produzia fios de viscose[2] e fibra de acrílico[3]. Era compartilhada com a Rhône-Poulenc, que fabricava fios de acetato de celulose, *nylon* e poliéster (falaremos destes últimos a seguir). Conhecida como Companhia Rhodosá de Rayon, a unidade iniciou sua operação em 1946 e permaneceu ativa até os anos 1970, conforme lembra Mauricy Airton Terra, que trabalhou na Rhodia por 36 anos:

> *"As últimas coisas fabricadas em São José dos Campos foram o bidim, uma manta de 'não tecido' de poliéster, voltada para a construção civil, como estradas e barragens, e do fio de nylon para tapetes e carpetes."*

---

1 *Management by Walking Around* é um modelo de gestão que se popularizou somente na década de 1970, na Hewlett –Packard, quando os seus fundadores passaram a privilegiar a comunicação direta entre colaboradores e gestão de topo. O autor Tom Peters contribuiu para a difusão desse conceito ao referenciá-lo nos seus livros *In Search of Excellence,* publicado em 1982, e *A Passion for Excellence,* publicado em 1986.

2 Viscose é uma fibra artificial de celulose que se tornou conhecida como seda artificial.

3 A fibra de acrílico foi desenvolvida para ser um substituto artificial para a lã, mas posteriormente foram desenvolvidos outros fios mais finos, conhecidos como microfibra.

As fibras sintéticas da Rhodia

O *nylon* era um sucesso no Brasil graças à Rhodia, mas sua tecnologia[1] foi desenvolvida pela DuPont, uma das maiores indústrias químicas dos Estados Unidos, com sede no estado de Delaware. A Rhodia a licenciou para fabricação no Brasil em 1955. No início da produção, o "sal de *nylon*", derivado do petróleo que dá origem ao *nylon*, era importado da França. Em Santo André, a Rhodia fazia as demais etapas, entre elas, a fiação e a estiragem. Com o tempo, a empresa criou uma unidade de produção de "sal de *nylon*" em Paulínia, cessando as importações e fortalecendo a produção no país. Fazia sentido, afinal os fios de *nylon* da Rhodia passaram a ser usados na fabricação de peças de roupas femininas.

Em 1973, a Rhodia adquiriu uma participação na empresa Filene Indústria Têxtil (que depois veio a ter o nome de Rhodia Jacareí[2]), com o objetivo de texturizar e tingir fios de malharias. Em 1979, a Rhodia comprou a totalidade das ações da empresa e passou a atuar também no segmento de texturização de fios de poliéster (falaremos dele a seguir) que eram fabricados em Santo André. Além da Filene, no início dos anos 1980, a Rhodia adquiriu a Celanese, em São Bernardo do Campo, especializada na linha de fios têxteis produzidos do *nylon*. A Usina Pneu Nylon (UPN) da Rhodia também produzia fios industriais para poliéster, lonas de pneus e fios para tapetes e até mesmo paraquedas.

O consumo de *nylon* foi crescendo, década após década, não só no Brasil, mas também no mundo. Atualmente, seu uso ultrapassa a esfera da indústria têxtil e tem presença forte na fabricação de outros itens, como cerdas de escovas de dentes, lonas para pneus e linhas de pesca. De acordo com dados publicados no portal *Superinteressante*[3], quatro bilhões de quilos de fios de *nylon* são produzidos anualmente no mundo, volume capaz de vestir toda a população da Terra.

Segundo Alessandro Pascolato, presidente da tecelagem Santaconstancia, empresa parceira da Rhodia desde os anos 1960, o esforço para introduzir seus fios sintéticos no mercado, em especial o fio *nylon*, foi muito bem orquestrado e impactou fortemente a indústria têxtil brasileira. Técnicos de ambas as empresas trabalharam juntos para esse

---

1 Wallace Hume Carothers, um químico e inventor estadunidense, foi o criador do *nylon* em 1935.

2 No início dos anos 2000, a operação de texturização da Rhodia começou a se concentrar na unidade de Santo André, o que levou ao fim das atividades de Jacareí em 2015.

3 Fonte: https://super.abril.com.br/comportamento/os-tecidos-sinteticos/

resultado: desenvolveram novos produtos que deram origem à utilização dos sintéticos na moda nacional. Pascolato comenta:

> *"O marketing da Rhodia para divulgar o nylon num país tropical, que não tinha uma tendência natural de consumo de fios sintéticos, foi realmente inovador. E o clima de inovação tecnológica entre a Santaconstancia e a Rhodia acontecia mesmo em situações adversas. Teve uma vez em que 20 toneladas de um fio de nylon liso* (não texturizado) *foram devolvidas por outro cliente, que iria texturizá-lo. Era uma quantidade muito significativa para a época. Para que a produção não fosse jogada fora, colaboramos com a Rhodia e desenvolvemos um tecido de malha, o Liganette®, fabricado com fios não texturizados, inédito até então, que acabou tendo sucesso estrondoso, sendo fabricado em larga escala, a ponto de o nome Liganette® no Brasil virar sinônimo de Jersey. Isso marcou-me bastante. O estilo Rhodia de fazer marketing é até hoje muito relevante no mercado."*

A fabricação do poliéster

Após fortalecimento do *nylon* na indústria têxtil, outra fibra sintética chamou a atenção: era o poliéster, desenvolvido pelos químicos britânicos John Rex Whinfield e James Tennant Dickson[1]. A Rhodia, sempre antenada nas tendências do mercado, trouxe o poliéster para o Brasil nos anos 1960, sob licenciamento da empresa americana Amoco.

Seguindo os passos do *nylon*, no começo, a matéria-prima para o poliéster fabricada pela Rhodia em Santo André também era importada da França. Mas, tempos depois, começou a ser produzido em Paulínia, em uma fábrica que levou o nome de Rhodiaco — uma mescla entre Rhodia e Amoco.

O primeiro tecido produzido com a matéria-prima poliéster foi o Tergal, nos anos 1960, que se tornou conhecido por não amassar e, assim, dispensar o uso de ferro de passar. Nascia então um segundo pico de produção na divisão têxtil da Rhodia. Duas décadas depois, a novidade com poliéster foi a microfibra, desenvolvida para não ser um *commodity* da Rhodia, conforme explica José Padeiro, que foi gerente de marketing da empresa nos anos 1990:

---

1 Com o poliéster, os químicos lançaram o tecido terylene (1941), juntamente com a empresa Imperial Chemical Industries (ICI). Em 1951, a DuPont comprou os direitos do terylene e lançou no mercado uma segunda fibra de poliéster, chamada de dácron.

"Tínhamos uma filosofia por trás da microfibra. Foi lançada com ações de marketing focadas em alta rentabilidade. Os artigos elaborados com tecido microfibra eram homologados pela Rhodia e vendidos até 40% mais caros. Nosso trabalho era diferenciá-lo para vender mais caro e, assim, mexemos em toda a cadeia produtiva."

Ao longo dos anos, o poliéster tornou-se um tecido mais fino e delicado, podendo ser aplicado em diversos itens de vestuário, com um ótimo custo-benefício. Popularmente conhecido como PET[1], o poliéster é encontrado atualmente em diferentes objetos do cotidiano, como garrafas plásticas e cintos de segurança.

Em 1994, conforme notícia publicada no jornal *Folha de S. Paulo*[2], a Rhodia associou-se à brasileira Celbrás para criar uma nova empresa. Nasceu então a Rhodia-Ster, produtora de fibras de poliéster no Brasil e, sozinha, detinha cerca de 80% de *market share*, estimado em 105 mil toneladas, o que significava também liderar o mercado da América Latina. Os outros 20% da demanda eram supridos com importações do sudeste asiático. De acordo com Musa, em entrevista à *Folha*, a *joint venture* era uma estratégia para enfrentar a concorrência externa, pois operava em um mercado aberto, em que a fibra de poliéster concorria com todos os outros tipos de fibra.

Com a Rhodia-Ster, todos os negócios de poliéster da empresa passaram a ser produzidos de forma unificada: ácido tereftálico purificado (PTA)[3], fibras, resina, polímeros e preformas para embalagens PET, filme e não tecidos. Nos anos 1990, em paralelo à Rhodia-Ster, na cidade de Indaiatuba, interior de São Paulo, a empresa criou uma divisão chamada Recipet, na qual realizava a reciclagem de embalagens PET, conforme descreve Auri Marçon, que foi *trainee* na Rhodia em 1987, passando por áreas como engenharia industrial e produção:

"A Recipet foi pioneira na reciclagem de garrafas PET pós-consumo, gerando matéria-prima que era utilizada, àquela época, principalmente pela indústria têxtil. A engenharia da Rhodia desenvolveu o processo industrial e foi responsável pela criação de um novo mercado de mate-

---

1 Polietileno tereftalato, ou PET, é um polímero termoplástico desenvolvido pelos químicos britânicos Whinfield e Dickson, em 1941, formado pela reação entre o ácido tereftálico e o etileno glicol.

2 https://www1.folha.uol.com.br/fsp/1994/5/04/dinheiro/11.html

3 Ácido tereftálico purificado (PTA) é a base do polímero sintético que dá origem ao poliéster.

rial plástico reciclado, chegando a vender até 1300 toneladas mensais para fabricantes de produtos como chapas e bobinas para embalagens termoformadas (bandejinhas), fitas de arquear para fardos, além da tradicional indústria têxtil de fibras de enchimento para edredons, travesseiros, mantas, carpetes, forrações e não tecidos"

Além da criação da Rhodia-Ster, em 1995, a Rhodia se associou à Hoechst para criar a Fairway Filamentos, com a qual ampliava ainda mais a produção e comercialização de filamentos de *nylon* e poliéster. A Rhodia entrou com sua linha de produção de fios e fibras de *nylon* e poliéster e a tradicional empresa alemã ingressou com seu portfólio de produtos têxteis em poliéster. Porém, a associação foi desfeita no final de 1998, em virtude da reorganização estratégica das matrizes das duas empresas e da entrada altamente competitiva da indústria têxtil asiática no mercado brasileiro. Com o término da *joint venture*, a Rhodia reincorporou o seu negócio de fios e fibras Nylon e poliéster.

Tempos depois, entre 1997 e 1998, a Rhodia-Ster decidiu focar seus negócios mais em fibras e resina PET, vendendo suas atividades relacionadas a não tecidos, embalagens e filmes (falaremos desse último produto em um *box* no fim deste capítulo). A empresa passou, então, a deter cerca de 55% do mercado de fibra poliéster no Brasil e 35% do de resina PET no bloco de países que inclui Brasil, Argentina, Paraguai, Chile e Uruguai.

Mesmo não sendo mais um negócio estratégico para a Rhodia, o poliéster continuou construindo sua história de sucesso e inovação. A abertura de fronteiras aos produtos importados, a melhoria do poder aquisitivo a partir do Plano Real e as decorrentes mudanças no câmbio continuavam a impulsionar o mercado têxtil nacional. Com isso, a fibra poliéster manteve-se inserida na produção têxtil da Rhodia, sempre com base em novas tecnologias capazes de agregar qualidade e resistência aos tecidos e malhas produzidos em combinação com outras fibras. Além disso, a Rhodia-Ster desenvolveu outras aplicações inovadoras para o poliéster, como a confecção de edredons, bichinhos de pelúcia, móveis estofados, carpetes e forros de automóveis. Algumas dessas aplicações envolviam também matéria-prima reciclada pela Recipet.

As fábricas da Rhodia-Ster eram situadas em Poços de Caldas (MG), Cabo de Santo Agostinho (PE), Paulínia e Indaiatuba (SP). Juntas, essas unidades produziam anualmente: 180 mil toneladas de resina PET, 90 mil toneladas de fibra poliéster, 20 mil toneladas de polímeros diversos, 230 mil toneladas de PTA e 12 mil toneladas de PET reciclado.

Tecnologia nacional

As histórias do acetato de celulose, *nylon* e poliéster mostram uma Rhodia empenhada em detectar inovações em outros países, trazê-las para o Brasil e posicionar-se como líder do mercado, como observa Musa:

> *"Nós não inventamos o nylon nem o poliéster. Fizemos melhorias e progressos pequenos nas fabricações, mas não éramos campeões da causa. Não podemos dizer que inventamos alguma coisa, que existiu uma criação original nossa. Não era nosso forte."*

A Rhodia adotava inovações nos processos de produção e na visão mercadológica. A empresa aprendeu a importância de, antes de tudo, desenvolver uma visão geral para cada produto sob todos os aspectos — quer seja político, econômico, quer seja geográfico. Para isso, também incluía em sua estratégia, principalmente a partir dos anos 1960, conhecer hábitos, atitudes, desejos e comportamentos do consumidor para garantir a melhor oferta de produtos.

Um bom exemplo é a estratégia da Rhône-Poulenc diante do declínio da produção de fios de acetato de celulose, que passou a ser substituído pelo *nylon* e pelo poliéster. Decidiu usar o acetato de celulose em filtros de cigarro, uma proteção para os fumantes. Assim, tornou-se naquele momento a única fabricante do produto na América do Sul, abastecendo 75% do consumo na região. A estratégia de importação de tecnologias mudou nos anos 1990. Em 1998, a equipe da Rhodia no Brasil desenvolveu uma tecnologia 100% nacional, totalmente inovadora: o Amni Biotech foi o primeiro lançamento brasileiro com o conceito "fio têxtil inteligente". Esse produto inovou ao controlar a proliferação de bactérias que causam odor desagradável e rapidamente popularizou-se entre praticantes de esportes.

Marcos Antônio De Marchi conheceu o potencial dos fios de microfibra durante sua expatriação para a Alemanha no fim dos anos 1990, quando adquiriu conhecimentos técnicos para a produção deles. Ao regressar ao Brasil, providenciou a adaptação de equipamentos para lançar dois fios que se tornaram carros-chefe do portfólio da empresa na época. Na equipe de De Marchi, estavam a engenheira Elizabeth Haidar e os técnicos Osvaldo Gouvea e Fábio Valveson. Os produtos foram lançados sob a marca Meryl em março de 1992, em evento na Hípica de Santo Amaro, que contou com a presença dos principais clientes da Rhodia, entre eles, a tecelagem Santaconstancia. Em 1996, a marca passou a ser conhecida como Amni, e ainda está no portfólio têxtil da empresa.

Logo depois, nos anos 2000, novas pesquisas locais resultaram no Emana[1], também um tecido inteligente que, graças à nanotecnologia, possui minerais bioativos incorporados em seus fios. Quando uma pessoa veste uma peça de roupa elaborada com tecido Emana, o calor do seu corpo retorna em forma de raios infravermelhos longos, os quais são capazes de agir no combate à celulite, os famigerados depósitos de gordura que se acumulam na pele humana. De Marchi comenta como a equipe da fábrica da Rhodia em Santo André criou o Emana, com base em uma pesquisa de mercado:

> *"Num evento com clientes, a equipe de marketing questionou o que gostariam que uma roupa fizesse e que nenhuma ainda fazia. Ouviram várias ideias que na época não eram possíveis, mas, também que seria legal se existisse uma roupa que combatesse a celulite. A equipe levou o desafio para dentro da fábrica e, após pesquisar muito como funcionavam os cremes dermatológicos com essa finalidade, descobriu que era possível micropulverizar a turmalina dentro do polímero que compõe o Emana. Foi um sucesso na época, e é até hoje."*

A divisão têxtil da Rhodia foi se reinventando ao longo dos anos, de produto em produto, tendo sido por muito tempo líder nos segmentos onde atuava. Como apontam os autores James C. Collins e Jerry I. Porras, do livro *Feitas para Durar*, as empresas visionárias são "aquelas que prosperam durante muitos e muitos anos, ao longo dos ciclos de vida de vários produtos e durante várias gerações de líderes ativos".

Durante a gestão de Marcos Antonio De Marchi, em 2011, ocorreu a absorção da Rhodia pelo Grupo Solvay, mas os investimentos na modernização do parque industrial da marca na região do Grande ABC paulista continuaram. Em fevereiro de 2020, o negócio de Plásticos de Engenharia da Solvay foi transferido para a BASF.

De acordo com matéria publicada no jornal *Diário do Grande do ABC*[2] de novembro de 2019, em comemoração aos 100 anos da marca Rhodia, a unidade de Santo André possuía cerca de 600 funcionários diretos, responsáveis pela fabricação de fios e fibras têxteis funcionais e sustentáveis de poliamida. A unidade fabril têxtil era responsável por aproximadamente 30% do faturamento da Solvay no país com a

---

1 Em 2015, o produto Emana recebeu o Prêmio *ICIS Innovation Award*, na Inglaterra.
2 Fonte: https://www.dgabc.com.br/Noticia/3205184/rhodia-completa-100-anos-e--anuncia-investimento-de-rs-10-mi-em-santo-andre

produção de três linhas Amni: o *Soul ECO*[1], primeiro fio de poliamida biodegradável a nível mundial, o *Soul Cycle*, fio biodegradável e reciclável, e o *Dynamic*, fio de secagem rápida, utilizado principalmente na confecção de peças esportivas. A fábrica mantinha a produção do Emana e exportava poliamida e tecnologias para países da Ásia e Europa. A partir do ano 2000, as inovações dos fios de poliamida sustentáveis e inteligentes passaram a ser desenvolvidas no Brasil. Muitas patentes foram geradas na última década e as inovações, reconhecidas e premiadas mundialmente.

Em entrevista para a elaboração deste livro, Renato Boaventura, então líder da unidade Global de Negócios Fibras da Rhodia, afirmou que a Solvay continua gerenciando a marca Rhodia com base em estudos de megatendências, pesquisas para inovação, proximidade com o cliente e com o mercado.

Nesse mesmo período, outro norteador para o desenvolvimento dos negócios da empresa foi o estudo de megatendências[2] de mercado. Uma equipe interna foi designada para estudar quais hábitos de consumo poderiam modificar o processo produtivo da Rhodia e identificar oportunidades de novos produtos. Usando como base os compromissos do Rhodia Way,[3] os integrantes do grupo de trabalho selecionaram as megatendências mais importantes para a companhia, como explica Boaventura:

> *"Entendemos que era necessário organizar nossa gestão de inovação e priorizar como trabalhar as megatendências. Acho que foi uma grande sacada da equipe brasileira. Eu me lembro muito bem da discussão: pegamos todas as megatendências, o nosso setor de atuação, as nossas competências e probabilidades. Foi um exercício muito interessante. Com o cruzamento dessas informações, chegamos às megatendências em que deveríamos concentrar nossos esforços de inovação: saúde e bem-estar, urbanização, conectividade e sustentabilidade."*

---

1 Nos anos 2000, esse produto recebeu o Prêmio ECO AMCHAM e o Prêmio ABIQUIM (Prêmio Kurt Politzer de tecnologia). E, anos depois, foi finalista do prêmio *Future Material Award*, durante o evento/feira ITMA 2015, na categoria *Best Innovation - Sustainable Textiles*.

2 Análise em longo prazo de mudanças no padrão de consumo que podem impactar a produção industrial.

3 Programa Global de desenvolvimento sustentável lançado em 2005.

Essas megatendências ajudariam a Rhodia a definir sua estratégia de atuação a partir da década de 2010, que estava apenas começando e que trouxe uma novidade que mudou novamente os rumos da empresa: a aquisição pelo grupo Solvay.

Dos tecidos aos filmes de poliéster

Em meados de 1973, a direção da Rhône-Poulenc decidiu que a Rhodia precisava diversificar a linha de produtos, que era destinada primordialmente para a indústria têxtil. Foi então montado um comitê para avaliar as possibilidades existentes na França e inéditas no Brasil e, assim, ficou definida a implantação de uma divisão de filmes de poliéster. Sérgio Omar Silveira, que entrou na empresa aos 23 anos em 1966, era um dos membros desse comitê e conta como foi essa tomada de decisão:

> *"Quando decidiram criar a Rhodia Filmes, escolheram-me para ser o gerente da unidade. Os franceses decidiram inicialmente produzir películas de poliéster, polipropileno e polietileno, suprimentos para fitas cassete, fitas e discos magnéticos para computador e chapas para impressão off-set. Porém, houve um consenso de que um dos projetos prioritários seria a produção dos filmes (películas) de poliéster e que, para isso, seria comprada parte de uma empresa nacional produtora de filmes de polietileno e chapas de poliestireno para embalagem."*

A Rhodia Filmes passou a operar em 05 de janeiro de 1979 na cidade de Cabo de Santo Agostinho, em Pernambuco, onde já era produzida a matéria-prima necessária para a fabricação do filme de poliéster, o polímero de poliéster. Para implantar a operação, o engenheiro Sérgio Zuanella, que trabalhava desde 1966 na unidade São José dos Campos, foi transferido como chefe de departamento da Engenharia. Ele observa que, naquele momento, eram poucos os países que fabricavam o filme de poliéster e assim a fábrica da Rhodia passou a ser a única da América do Sul. Por ser uma novidade, Zuanella relata que a formação da equipe da Rhodia Filmes surpreendeu a matriz, pois foram necessários poucos expatriados da Rhône-Poulenc para implantar a operação da unidade: apenas quatro executivos franceses e quatro contramestres portugueses vieram da unidade St. Maurice de Beynost da Rhône-Poulenc.

A implantação dos equipamentos — a maioria importada da empresa japonesa Toyobo — foi concluída no último trimestre de 1979. José Saburo Mori, que trabalhou na Rhodia de 1971 a 2000, lembra que os japoneses elogiaram muito o desempenho da equipe brasileira pelo planejamento e pela execução do projeto. A capacidade de produção inicial era de 1500 toneladas por ano e foi sendo progressivamente aumentada ao longo de três anos até chegar a 3000 toneladas por ano. Tempos depois, em 1988, passou a ser uma das unidades mais rentáveis da Rhodia, com a produção de dez mil toneladas por ano, destinada à exportação, principalmente para os Estados Unidos, América Latina e Europa.

Em 1997, a Rhône-Poulenc decidiu fechar a produção de polímero poliéster na unidade Nordeste e a agrupou na fábrica da Rhodia-Ster. Posteriormente, o negócio de filmes de poliéster foi vendido à americana Terphane.

Para Zuanella, o legado da Rhodia Filmes foi colocar no mercado brasileiro, e em parte da América Latina, produtos que antes eram importados. Atualmente, o filme de poliéster é utilizado em embalagens de diversos produtos alimentícios, como café, molhos de tomate, biscoitos, leite em pó e ovos de Páscoa.

CAPÍTULO 12

Rhodia Química: Criatividade que inspira

A Arábia Saudita é o país que possui a segunda maior produção de petróleo no mundo[1]. Mesmo com a abundância do combustível fóssil, há pelo menos uma década a indústria química local vem buscando soluções baseadas em fontes renováveis de energia. Em 2010, a Agência de Notícias Brasil-Árabe (Anba) noticiou[2] uma parceria firmada entre a Rhodia Brasil e a Sahara International Petrochemical Company (Sipchem[3]) justamente com esse objetivo.

O acordo de US$ 100 milhões previa a implantação de uma fábrica na cidade saudita de Jubail. De um lado, estava a Sipchem, e de outro, a Rhodia, a quem coube fornecer a tecnologia e o etanol necessários para produzir o acetato de etila, solvente utilizado na fabricação de alguns tipos de tintas. A fábrica foi concluída em 2013 e a produção, à época, mirava os mercados da Europa, Ásia e Oriente Médio. O químico argentino Carlos Marenco, que trabalhou na Rhodia de 1977 a 2014, foi designado para ser o chefe do projeto de transferência da tecnologia brasileira. Durante os três anos de trabalho, ele dividiu sua rotina entre a Arábia Saudita e a Coreia do Sul, sede da empresa contratada pela

---

1 De acordo com reportagem publicada pela BBC Brasil em setembro de 2019, o país do Oriente Médio produzia uma média de 12,2 milhões de barris por dia, atrás apenas dos Estados Unidos (15,3 milhões de barris por dia).

2 "Rhodia do Brasil faz parceria com sauditas". Publicada em 23 de agosto de 2010. Disponível em: https://anba.com.br/rhodia-do-brasil-faz-parceria-com-sauditas/

3 Indústria química saudita fundada em 1999. É controlada por investidores locais e de outros cinco países do Golfo Pérsico: Bahrein, Qatar, Emirados Árabes Unidos, Kuwait e Omã.

Sipchem para construir a fábrica. A experiência também proporcionou à equipe um intercâmbio cultural e de informações muito rico.

"A Sipchem escolheu a tecnologia da Rhodia para produção de acetato de etila e para a construção da fábrica, a empresa sul-coreana e-TEC. Ao longo dos três anos do projeto, interagimos com os engenheiros sul-coreanos. Aprendemos bastante coisa — e transferimos esses conhecimentos para a Rhodia. O que mais chamava nossa atenção era a intensidade de trabalho, a pontualidade, a eficiência nas reuniões e muito amor e orgulho naquilo que faziam."

A parceria estabelecida pela Rhodia no século XXI só foi possível graças a uma decisão tomada cerca de 70 anos antes. Como já contamos neste livro, nos anos 1940, a Rhodia adquiriu uma fazenda em Paulínia, no interior de São Paulo. O objetivo era tornar-se independente de importações das matérias-primas que, por conta da Segunda Guerra Mundial, vinham sendo interrompidas com a destruição dos navios em alto mar.

As terras de Paulínia, com vastos canaviais, possibilitaram a fabricação de produtos à base de álcool. O que era apenas uma solução emergencial, acabou virando um diferencial rhodiano nas décadas seguintes. A produção do acetato de etila, cuja tecnologia foi compartilhada com a Sipchem, teve início em 1977, dois anos depois da inauguração do Centro de Pesquisas de Paulínia, um marco na empresa, que passou a contribuir estruturadamente para o desenvolvimento de soluções inovadoras na Rhodia. Raffaele Franchi ocupou cargos de chefia na planta do interior paulista por dez anos, entre 1987 e 1997, e explica que a busca por soluções inovadoras estava no DNA da Rhodia nas Américas.

"A Rhodia tinha a característica de ser polivalente. Ela tinha praticamente todas as profissões, todos os produtos da matriz e uma coisa diferente: os solventes de fonte renovável, derivados do álcool, que são menos tóxicos. Não vêm do petróleo. Então, essa característica é muito forte aqui no Brasil. Fui questionado mil vezes pela equipe de gestão lá de Paris: 'mas por que no Brasil vocês fazem e nós não temos?'. Porque não tinha álcool lá. O fato é que nós tínhamos álcool à nossa disposição. E o álcool começou a ser desenvolvido na época da guerra, quando nenhum navio atravessava o Oceano Atlântico. Então, a fonte de matéria-prima foi criada na fazenda de Paulínia. Esse é um ponto muito específico."

Franchi conta que essa versatilidade da filial brasileira gerou uma imagem de respeito por parte do grupo Rhône-Poulenc com o *case* da solução do solvente:

"Numa usina da França, eles faziam um solvente de origem em álcool, mas era muito pequeno e ficou esquecido. A força da produção dos solventes ficou no Brasil, tanto é que a Rhodia exportou o know-how para os árabes não faz muito tempo sobre como fazer solventes de fonte renovável. São oxigenados, de fonte renovável, mais amigáveis e menos agressivos ao meio ambiente."

O trabalho da Rhodia em Jubail foi tão bem-sucedido que, em 2017, Carlos Eduardo Marenco já estava aposentado, mas foi chamado pela Rhodia para ser consultor em outro projeto no país do Oriente Médio: implantar a produção do solvente acetato de butila. Este é um exemplo de como a criatividade e a versatilidade da Rhodia inspiraram a indústria química brasileira. O espírito ousado que sempre norteou o trabalho da companhia deixou legados para o setor e, como vimos, também rendeu frutos no exterior. Ao longo deste capítulo, vamos abordar alguns outros casos semelhantes.

Domínio no mercado

A história da Rhodia no Brasil confunde-se com a do setor químico. O pioneirismo e a inovação ao longo dos anos levaram a empresa a uma posição de destaque e respeito no mercado brasileiro. Em alguns momentos de sua história centenária no país, a Rhodia deteve o monopólio de alguns produtos, como explica o engenheiro João Paulo Somers, que esteve à frente da Divisão Química durante 12 anos, entre as décadas de 1970 e 1980.

"A Química da Rhodia era única no mercado. Quer dizer: ninguém mais fazia fenol, acetona, ácido acético e todos aqueles solventes que a Rhodia fabricava. Então, o mercado era nosso. Era monopólio, não tínhamos de brigar com ninguém. O mercado era o que existia: grandes indústrias, fabricantes de tinta que usavam resinas fenólicas, fabricantes de resinas etc."

E esse domínio do mercado levava a Rhodia a buscar soluções para explorar melhor a capacidade de produção de suas unidades, que em muitos momentos superava a demanda do mercado interno. O esforço era para conseguir utilizar todo o potencial das plantas. Em determinado momento, a direção da empresa optou por exportar parte da produção de acetona. Somers detalha:

"Nós tivemos um caso que ficou na história da Rhodia. Um dia, eu cheguei a ter cinco mil toneladas de acetona sobrando. Ninguém queria, não tinha cliente. Então, eu disse: 'Vamos exportar'. Mas não tinha quem levasse as cinco mil toneladas para Santos e o porto não tinha capacidade para receber essa quantidade. Fizemos um absurdo: contratamos caminhões com tanque de aço inoxidável (para transporte de acetona tem de ser assim) e resolvemos colocar a acetona direto (dos caminhões para) dentro do navio. Foi preciso pegar uma amostra de cada caminhão para verificar a qualidade da acetona e enviar para análise."

Um contratempo acabou atrapalhando o plano ousado. Foram colhidas amostras de todos os caminhões que realizaram o transporte para avaliar a quantidade de água presente no produto, mas as amostras foram analisadas após o navio deixar o porto de Santos, no litoral paulista, e o resultado apontou que o teor de água estava além do esperado. Somers conta o motivo:

"O que aconteceu foi horrível: traficantes tinham parado os caminhões na estrada e desviado para dentro do mato. Tiraram um tambor de acetona de cada caminhão e colocaram água. Batizaram a acetona. Aí, tivemos de mandar uma equipe para a Holanda para receber o navio e enviar a acetona para uma refinaria da Shell para destilar novamente o produto (tirar a água). Acho que foram dois engenheiros para lá e resolveram o problema. Então, esse era o nosso esforço para exportar, porque a exportação completava o que o mercado brasileiro não comprava."

Inovação de ponta a ponta

Um projeto desenvolvido na unidade de Santo André nos anos 1970 foi marcante pela inovação que o caracterizou da concepção à operação. Foram quatro anos de trabalho, de 1975 a 1978, para implantar a operação de caldeiras em paralelo à de distribuição de energia elétrica, algo ousado e até então inédito. Uma central termoelétrica atenderia o *site* em conjunto com o fornecimento externo de energia.

Como costumava acontecer nas indústrias da Rhodia, a unidade têxtil de Santo André operava com duas centrais termoelétricas, cada uma com capacidade suficiente para atender todo o consumo das fábricas, sendo uma obsoleta e de difícil operação e, outra, mais moderna e com possibilidade de ser otimizada. O comando da empresa optou, então, por desativar a central antiga e aprimorar a nova, dando a ela mais confiabilidade.

Esse nível de confiabilidade era algo inexistente no setor químico e praticado apenas por indústrias com pouca ou nenhuma tolerância a risco, como a aeronáutica e a nuclear, onde a Rhodia foi buscar inspiração. Oswaldino Teixeira, o Teixeirinha, atuou por quase 40 anos na engenharia na Rhodia, participou do processo, que foi capitaneado pelos engenheiros André Alckmin e Raffaele Franchi:

> *"Nós fomos fazer benchmark com a Usina Nuclear de Angra dos Reis. O Alckmin conseguiu e nós fomos visitar, na época do governo militar, quando o acesso era mais difícil. Conseguimos conhecer um pouco do que se fazia numa empresa de ponta que é uma unidade nuclear. Os conceitos de confiabilidade começaram a se materializar fortemente aí. Era um projeto grande e ousado, porque nós estávamos falando na época de colocar o parque têxtil de Santo André, que era o segundo maior negócio da Rhodia, 'pendurado' em uma única caldeira em tempo integral. Esse projeto tinha a ousadia de mudar conceitos enraizados."*

O projeto foi batizado de CTS 10.000. Previa desde o início que os responsáveis pela operação deveriam participar também da execução. Afinal, a operação dos equipamentos acontece 24 horas por dia, mas o corpo técnico está na fábrica apenas um terço desse período. A força de trabalho precisaria conhecer a fundo o sistema e estar apta a adotar soluções emergenciais a qualquer momento. Uma possível paralisação de segundos poderia impactar a produção por horas, dias ou semanas seguidas. Teixeirinha ficou responsável por capacitar os operários:

> *"Eu cuidava das pessoas que iam operar, pois no futuro eu seria o responsável pela operação da central. A utilidade para nós era a visão de grupo, e ela só funciona em termos de grupo porque os tecnicistas, os caras que detêm conhecimento individual, só estarão na fábrica um terço do tempo. E a fábrica roda os três terços. Franchi incorporou isso de pronto: 'as pessoas que vão operar essa unidade vão para o campo assistir a mudança, vão participar dela* pari passu, *acessar a documentação e aprender nas suas minúcias'. Quando nós finalizamos*

a unidade, o domínio técnico já era coletivo. Essa é uma mudança que, na verdade, orientou várias outras da Rhodia."

Foi preciso definir um modelo de funcionamento em paralelo com a concessionária pública responsável pelo fornecimento de energia elétrica em Santo André, na época a Eletropaulo. Ou seja: se a central termoelétrica falhasse, a rede de energia elétrica cobriria o fornecimento e vice-versa. Até mesmo a matriz francesa resistiu à ideia, pois isso era algo inimaginável na Europa.

Além de convencer os franceses, a Rhodia precisou vencer outro obstáculo: a desconfiança da fabricante de parte dos equipamentos necessários para fazer a adequação na central. A fornecedora ameaçou retirar a garantia dos produtos, tendo em vista que seria necessário realizar várias alterações neles. Mas o que poderia ser um banho de água fria, virou motivação para encontrar uma solução. Alckmin foi até Nuremberg, na Alemanha, encontrar o criador do equipamento, que havia cedido a patente para a fabricante brasileira. Juntos, eles discutiram as alternativas e chegaram a uma solução para que a adaptação fosse feita garantindo a confiabilidade necessária — sem depender da garantia de fábrica.

O trabalho deu certo e serviu de inspiração para iniciativas semelhantes em outras unidades da Rhodia, como a química de Paulínia e a têxtil de São José dos Campos. Também houve procura de outras indústrias. Teixeirinha relata como foi a repercussão e o legado deixado pela iniciativa.

"Nós sabemos que esse foi um case de sucesso pleno na Rhodia, divulgado ao Brasil inteiro. Eu cansei de ir para seminários e contar essa história do projeto CTS 10.000. A Rhodia chegou até a cogitar comercializá-lo, porque nem a indústria petroquímica nem a siderurgia e nenhum dos segmentos tão críticos como o nosso tinha a ousadia de trabalhar com uma unidade única em paralelo com uma concessionária. Empresas de grande porte com grandes sistemas tinham relutância, resistência de trabalhar em paralelo."

A divisão química no século XXI

Com a cisão da Rhône-Poulenc, no final dos anos 1990, o nome Rhodia, que era utilizado apenas no Brasil e na Alemanha, passou a ser usado também nas demais unidades ao redor do mundo, mas já tinha outra configuração: a Rhodia entrou no século XXI somente com as atividades química e têxtil[1].

Por aqui, no Brasil, as plantas de Santo André e Paulínia seguiram operando normalmente, inclusive com ampliações, como a da unidade do fenol. Como já contamos no capítulo "Relacionamento que gera confiança", o projeto foi iniciado nos anos 1980 e paralisado devido à falta de autorização do Governo Federal. Só saiu do papel cerca de 20 anos depois, em 2004, com o nome de Projeto Frevo. À época, foram investidos R$ 31 milhões para aumentar a produção anual de 130 para 165 mil toneladas por ano, um incremento de 27%. E o retorno do investimento veio antes mesmo de a ampliação ser finalizada, como conta o engenheiro Carlos Rodrigues, o Carlão, que trabalhou como gerente de projetos na Rhodia:

> *"A operação começou em abril. Eu sei até a data porque foi no meu aniversário: 12 de abril de 2004. Só que em outubro de 2003, a Rhodia já estava negociando com a Unipar[2] para obter o cumeno[3] necessário para a produção. A Unipar tinha cumeno sobrando, então ofereceram desconto já naquele mês em troca da certeza de que haveria um aumento da demanda pelo produto. Um desconto enorme para compensar a alta capacidade. Então, em outubro, enquanto ainda estávamos trabalhando na montagem, o cumeno já veio com o desconto, que compensou o valor do investimento feito. Esse projeto foi a 'menina dos olhos' do Clamadieu[4]."*

Já a inovadora produção do solvente acetato de etila, que abordamos no início deste capítulo, também inspirou o surgimento de outros solventes sustentáveis — não derivados de combustíveis fósseis. Foram desenvolvidos seis produtos, batizados pela Rhodia com a marca Augeo. Fabricados à base de glicerina[5], todos têm diferentes aplicações, que variam de produtos para limpeza doméstica a tintas e vernizes.

---

1 A divisão farmacêutica da Rhodia passou por um processo de fusão com a empresa alemã Hoescht, que, posteriormente, deu origem à Aventis.

2 Indústria química brasileira sediada em São Paulo e fundada em 1969.

3 Composto orgânico obtido do petróleo e usado como matéria-prima para produção do fenol.

4 Jean-Pierre Clamadieu foi diretor-geral para a América Latina da Divisão Química entre 1996 e 1998 e presidente mundial da Rhodia de 2003 a 2012.

5 Composto orgânico presente em gorduras vegetais e animais.

Alexandre Castanho, que trabalhou na Rhodia por mais de 20 anos e foi diretor da Unidade de Negócios Global de Solventes até 2012, em depoimento para este livro, explicou que a Augeo foi uma estratégia da empresa para aproveitar a acetona proveniente da produção do fenol no *site* de Paulínia e de bioglicerina proveniente de várias usinas:

Unidade de solventes Augeo, em Paulínia: investimento em produtos sustentáveis

"O solvente Augeo comportava-se bem não só em formulações clássicas de tintas e vernizes, mas também em outras aplicações, como produtos de limpeza. O produto tinha baixo odor e poderia ser produzido com a glicerina residual da produção do biodiesel, uma fonte vegetal renovável."

Além disso, entre os benefícios em relação aos solventes petroquímicos, o Augeo apresenta características ecologicamente vantajosas em seu processo de produção, transporte e manuseio. A preocupação com a sustentabilidade na Rhodia teve um episódio importante nos anos 2000. No conjunto industrial de Paulínia, no final de 2006, começou a operar o Projeto Angela[1], com o objetivo de abater gás de efeito estufa. Com

1 Apesar de a grafia ser idêntica a um nome próprio, Angela, na verdade, é uma sigla em inglês de *Abatement of Nitrous Gas for Environment of Latin America* (em português, algo como Abatimento de Gás Nitroso – o que causa o efeito estufa – para o Desenvolvimento da América Latina).

base no Modelo de Desenvolvimento Limpo (MDL), previsto no Protocolo de Kyoto[1], foi construída a Unidade de Abatimento de Gases de Efeito Estufa. Carlos Rodrigues também esteve envolvido nesse trabalho, que foi inspirado numa unidade sul-coreana da Rhodia:

> *"A nossa vantagem é que evitamos todos os problemas que ocorreram na Coreia do Sul. Inclusive vieram dois profissionais da matriz francesa, preocupada em não repetir os mesmos erros, para nos ajudar. Olhando o que aconteceu lá, nós evitamos um monte de problemas. O resultado foi tão satisfatório que o payback do investimento aconteceu em seis meses."*

O retorno do valor investido veio rápido graças à conversão do abatimento de gás de efeito estufa em créditos de carbono[2], operação permitida pelo protocolo de Kyoto. Mas, mesmo depois do fim do incentivo obtido com os créditos de carbono, a direção da empresa decidiu manter a unidade em operação, de acordo com as suas políticas e práticas de desenvolvimento sustentável. Essa unidade apresenta capacidade para abater até 20 mil toneladas de óxido nitroso[3] por ano, o que equivale às emissões de gás carbônico de uma frota de 1,3 milhão de veículos.

Uma prova de que a decisão foi acertada veio em 2019. De acordo com reportagem da Aberje (Associação Brasileira de Comunicação Empresarial)[4], a Rhodia ganhou duas vezes o Prêmio Eco, organizado pela Câmara Americana de Comércio (Amcham): uma pelo Augeo e outra pelo Angela.

---

1 Tratado internacional assinado por mais de 170 países em 1997 na cidade japonesa de mesmo nome. Tinha como objetivo reduzir a emissão de gases de efeito estufa e vigorou de 2005 a 2012.

2 Um crédito de carbono corresponde a uma tonelada de dióxido de carbono (CO2), que pode ser negociada no mercado internacional como uma permissão para emitir gases do efeito estufa (GEE).

3 Gás existente naturalmente na atmosfera, teve sua produção aumentada pelas atividades industriais, como a queima de combustíveis por motores, e agropecuárias, como a adição de fertilizantes em plantações.

4 http://www.aberje.com.br/rhodia-ganha-tres-premios-de-sustentabilidade-no-premio-eco/

Camaçari: orgulho do início ao fim

A unidade de Camaçari, na Bahia, foi inaugurada pela Rhodia em 1982 para produzir metionina (componente de ração para aves) e adiponitrila (intermediário da produção de *nylon*). Eram respectivamente a Rhodia Bahia e a UniRhodia (uma associação com a Unipar), operadas dentro do Complexo Petroquímico de Camaçari e as únicas fabricantes desses produtos no hemisfério sul.

Essa operação seguiu até 1998, quando a direção mundial da Rhône-Poulenc determinou seu fechamento. Três engenheiros estiveram intimamente ligados aos dois momentos: Annibal Antunes foi incumbido de construir e administrar o projeto — desde o início. Já Sérgio Aron foi o responsável por fechar e vender a planta. As tarefas são antagônicas, mas seus autores compartilham o mesmo sentimento em relação ao trabalho que fizeram: o orgulho.

Annibal já trabalhava na Rhodia há 16 anos quando recebeu a missão de tirar a Usina Química de Camaçari do papel, em 1979. Em valores atualizados, ele estima que R$ 1 bilhão foi investido na obra. "Era para começar a fábrica do zero. O terreno só tinha mato. E eu ia fazer toda a transferência da tecnologia do Japão e da França. Metionina tinha tecnologia francesa e adiponitrila tinha tecnologia japonesa. E ainda contratar toda a equipe da futura fábrica", descreve Annibal.

Os trabalhos duraram três anos. E envolviam negociações internacionais para compra de tecnologia. Annibal fez diversas viagens ao Japão e à França. Quando a fábrica entrou em operação, houve muita comemoração. *"Com todo o sistema montado, começamos os testes com o produto. Então, à meia-noite de certo dia de agosto 1982, começou a se colocar o produto. Às 5h saiu a metionina. Um engenheiro francês que trabalhou comigo na obra ficou tão contente que, enquanto escoava o negócio, ele se meteu embaixo... Ficou emporcalhado de metionina, de tanta alegria!"*, relembra aos risos. *"No dia seguinte, eu mandei um telex*[1] *para todos da Rhodia, da Unipar*[2]*, todos os dirigentes, e também mandei para a França. Aí choveu telex de agradecimento, de parabenização... Veio até uma caixa de champagne de navio!"*, diz Annibal. Vale destacar que durante o processo de introdução da metionina no setor de proteína animal, a Rhodia, com base nas ferramentas de planejamento do PRHOEX, exerceu o papel de consultora das empresas desse mercado. E, segundo relata Francisco Navas, um dos coordenadores do PRHOEX, isso perdura até hoje.

---

1 Aparelho de comunicação muito usado até o início dos anos 1990, que transmitia mensagens por meio de rede telefônica.

2 Empresa parceira da Rhodia no projeto.

De 1985 a 1997, a Usina foi liderada pelo experiente engenheiro Joaquim Correa Neto, expatriado da Rhône-Poulenc em Valence (França), e assim venceu os desafios locais e atingiu os níveis de produção e qualidade preconizados no projeto, tornando-se líder em segurança e meio ambiente no Polo de Camaçari. E destacou-se na região por isso, como lembra Álvaro Martins Calvão, responsável pela área de saúde, segurança e meio ambiente de Camaçari: *"Entre 1986 e 1990, a empresa foi coordenadora do Comitê de Segurança e Meio Ambiente do Polo Petroquímico e, em 1997, ganhou o primeiro prêmio COFIC 1997 (Comitê do Polo de Camaçari) de Segurança, Saúde e Meio Ambiente — ambos reconhecidos pelo INEMA (Instituto do Meio Ambiente e Recursos Hídricos da Bahia) e pela ABIQUIM".*

O trabalho permitiu à unidade seguir operando plenamente até 1998, quando uma mudança de estratégia do grupo Rhône-Poulenc determinou seu fechamento. Sergio Aron, engenheiro admitido na Rhodia em 1972 (ainda como estagiário), foi promovido em 1997 aos cargos de gerente da Usina de Camaçari e diretor da Rhodia Nutrição Animal. A missão era justamente fechar a fábrica. Aron e sua equipe até tentaram viabilizar uma solução menos drástica. "Elaboramos um projeto de baixo custo para transformar a produção de metionina (que era em pó e passaria a ser líquida). A direção da Rhodia no Brasil incentivou e acreditava bastante nesse projeto. Mas quando o levei à França e apresentei ao diretor geral da Rhône-Poulenc Animal Nutrition, a resposta foi desoladora: 'já temos um grande projeto de metionina líquida no Golfo do México que vai atender à demanda mundial. A sua missão agora é fechar a usina de Camaçari.' Em março de 1998, foi anunciado o fechamento da Usina", detalha.

Vieram, então, os desafios de gerenciar o delicado processo de desmobilizar a fábrica e dispensar os funcionários. "Passei por momentos complicados, com familiares de funcionários com crianças pequenas acampados na porta da Usina e pressão de políticos locais e estaduais. Ocorreu até uma tentativa de soltar AMTP[1] na atmosfera para bloquear o Polo, felizmente evitada a tempo. Após um mês de duras negociações, conseguimos concluir o acordo de desligamento dos funcionários em abril de 1998", conta Aron.

O engenheiro considera que a missão foi um sucesso, apesar de triste: não houve nenhuma ação trabalhista relativa ao fechamento e muitos funcionários foram realocados em outras empresas instaladas no próprio Polo Petroquímico de Camaçari. Aron ainda permaneceu na cidade por mais um ano, para acompanhar o processo de venda da propriedade, concluído em 1999.

1 Aldeido metil-tio-propiônico. Composto químico utilizado na produção de metionina.

2000–2020

DEPOIS

CAPÍTULO 13

Uma empresa que continua fazendo história

Em 1999, os funcionários da Rhodia receberam um gibi em seu local de trabalho. Na capa, um personagem com feição infantil, músculos à mostra e asas nos sapatos e na cabeça. Nas primeiras páginas, ele aparece em meio às nuvens, observando dois homens conversando dentro de um edifício. O personagem também se apresenta ao leitor: é Mercúrio, o deus grego das negociações. O prédio, segundo ele, é de uma empresa de "renome, líder de mercado". Lá dentro, os dois empregados dialogam sob o olhar atento de Mercúrio:

Gibi apresenta, em 1999, conceitos da empresa de classe mundial (WCM): formato pioneiro de treinamento

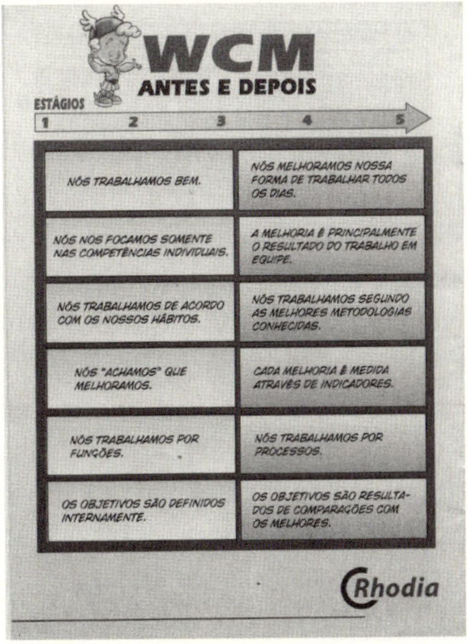

Tabela explica estágios da mudança: onde estamos e onde queremos chegar

"— Não acredito! Você me chamou para dizer que está preocupado com a empresa?
— O que há de mais nisso, Marcos?
— Ora! Veja só nossos indicadores! Continuamos crescendo!
— Mas nossa taxa de crescimento é inferior à de nossos principais concorrentes! E há muito tempo que nossa taxa não se altera!
— Pois é melhor crescer um pouquinho do que nada! Vá por mim Não se muda time que está ganhando!"

Ao ouvir a declaração do personagem Marcos, Mercúrio decide intervir para apresentar à dupla os conceitos do *World Class Manufacturing* (WCM)[1], programa que tinha como objetivo desenvolver internamente as melhores práticas de mercado, inspirado no que as principais empresas do mercado faziam. Até o final do gibi, Mercúrio consegue convencer ambos que, para sobreviver num cenário de ampla concorrência, uma empresa deve sempre almejar ser a melhor em seu ramo de atuação.

Outro documento — este em tom mais formal — de agosto de 2001 apresentou os quatro princípios do WCM:

1. Envolvimento de todos. Trabalhe em equipe!
2. Acompanhar indicadores-chave do negócio para medir resultados.
3. Focar o processo como um todo para buscar o "ótimo global e não o ótimo local".
4. Desdobrar ampla e coerentemente as estratégias e planos de ação para todos.

O WCM é um exemplo, dentre dezenas, de programas, projetos e ações que a Rhodia do século 20 deixou de legado para a Rhodia do século 21. No caso do WCM, qualquer semelhança com o que pregava o PRHOEX não é mera coincidência: desde a década de 1980, o Processo Rhodia de Performance de Excelência já vinha adotando os conceitos de gestão que a Rhône-Poulenc, vinte anos depois, passaria a difundir em escala global, com nova embalagem e novo nome. O PRHOEX nunca teve um fim decretado no Brasil, mas passou por modificações e adequações a partir da virada do século. Aos poucos, o nome deixou de ser usado.

O WCM havia sido adotado em todas as filiais ao redor do mundo. Para a maioria delas, era uma grande novidade. No Brasil, nada

---

1 Traduzido do inglês para "Produção de Classe Mundial".

mais era do que um "PRHOEX 2.0". O engenheiro Carlos Cardoso era o gerente de Programas de Mudança na época e detalha como a filial brasileira lidava com aquilo que era imposto pelos franceses. Respeitando a hierarquia, tudo era acatado. Mas a autonomia da Rhodia no Brasil permitia adequações que a diferenciavam das outras unidades:

Mundialmente a matriz francesa implementou programas de transformação segmentados por área: industrial, comercial, marketing, suply chain, estratégia e inovação e a direção incumbiu-me de coordenar essas iniciativas no Brasil. O primeiro foi o WCM, World Class Manufacturing, que era só para a fábrica. E aqui, logo de cara, já adaptei para World Class Management, para utilizar na empresa toda. Tive apoio do Grubisich e do Cirillo para adotar o World Class Management em vez do World Class Manufacturing."

Esse movimento era considerado audacioso devido à cultura tradicionalista que ainda existia na França. Lá, a hierarquia era muito respeitada e praticamente intocável. Aqui, o PRHOEX quebrou barreiras e paradigmas e mudou a forma como operários lidavam com seus chefes. Todos participavam dos processos e propunham mudanças, o que contribuía para melhorar o ambiente de trabalho. Isso incomodava os franceses, de acordo com a análise de Raffaele Franchi:

"No esquema francês — cartesiano — o ambiente era segundo plano: 'nós queremos resultado, resultado, resultado, resultado.' Estávamos procurando uma solução e achamos o World Class Management para tratar o problema do ambiente entre as equipes. O World Class Manufacturing é muito adaptado à cultura mais rígida do que a nossa aqui. Ele é mais 'japonês', mais 'alemão', mais cartesiano."

A grande vantagem de ter um programa estruturado como o World Class Management, mesmo com as restrições do *modus operandi* mais tradicional europeu, era a sinergia criada entre as unidades do grupo. Enquanto na época do PRHOEX os empregados do Brasil viajavam o mundo como consultores de outras unidades da Rhône-Poulenc, durante o WCM havia uma troca simultânea de práticas e informações. Vídeos eram utilizados durante os encontros para disseminar o programa em toda a empresa. Em um deles, Carlos Cardoso descrevia a importância dessa troca:

"É, para nós, da Zona América Latina[1]*, um prazer compartilhar com vocês um pouco da nossa experiência no WCM. Não apenas porque estamos convencidos de que os benefícios do WCM justificam largamente os investimentos necessários para implementá-lo, mas porque nós acreditamos, desde o início, que a troca de experiências entre plantas, entre sites, entre países e zonas é a melhor de nossas práticas."*

Os trabalhos desenvolvidos no âmbito do WCM estimularam outras práticas internas. Em 2003, foi formado na Rhodia Brasil o *Growing Council*[2], um grupo de trabalho que discutia formas de explorar novos nichos de negócios para a Rhodia. A ata de uma reunião realizada naquele ano na Casa Rhodia mostra dois tópicos que foram discutidos e, anos depois, renderam frutos. Um deles, para a própria empresa: o contato com produtores de calçados para oferecer produtos de valor agregado, focado num mercado consumidor que não se importasse em pagar um valor mais alto em troca de qualidade. Naquele momento, os produtos chineses já invadiam o mercado brasileiro devido aos baixos preços praticados, criando uma concorrência desleal com os empresários locais.

Como resultado, dentro do *Growing Council*, foi formado um grupo de trabalho focado somente em calçados. Os integrantes do grupo fizeram contato com produtores dos principais polos calçadistas do Brasil: Vale dos Sinos, no Rio Grande do Sul (calçados femininos); Franca, em São Paulo (masculinos); Birigui, também no interior paulista (infantis); Nova Serrana, em Minas Gerais (populares); e Juazeiro do Norte, no Ceará (populares). Com base nas informações obtidas, começaram a desenvolver possíveis produtos que poderiam ampliar a participação da Rhodia no mercado[3].

Naquele momento, surgiu a ideia de retomar a presença da Rhodia no mundo da moda. Na São Paulo Fashion Week de 2004, a empresa já contou com um estande que apresentou a linha de produtos conceituais *Rhodia Footwear Technology*, desenvolvida em parceria com três estilistas de renome: Alexandre Herchcovitch, André Lima e Glória Coelho. Os produtos ampliavam a atuação da Rhodia dentro da cadeia têxtil por meio de soluções como colas, linhas de costura industrial, não tecidos,

---

1 O Grupo Rhodia era dividido, em escala mundial, em zonas de atuação. Na América Latina, o *headquarter* foi instalado na cidade de São Paulo, junto à sede administrativa da Rhodia.

2 "Conselho do Crescimento", em português.

3 As vendas para o setor de calçados respondiam por 8% da receita da Rhodia, movimentando cerca de US$ 40 milhões por ano.

matérias-primas para solados, agentes de reforço para solados, plásticos de engenharia, silicones e produtos para melhorar o curtimento de couros.

O coordenador do Rhodia Footwear Technology, Antonio Sergio Luvizeto, disse à época ao jornal *Diário do Grande ABC*[1] que a ideia era unir a vanguarda da moda com a tecnologia de ponta que a Rhodia desenvolvia no mundo todo. Entre os produtos da empresa que atendiam o setor calçadista estava o Rhodianyl HT, um fio de alta tenacidade e resistência utilizado nas costuras dos calçados. Segundo conta na matéria, das 14 mil toneladas/ano de fio fabricadas pela Rhodia naquele momento, 10% eram destinados para a indústria calçadista. Outro era o Technyl Alloy, um tipo de plástico resistente que servia, entre outras aplicações, para reforçar o salto do sapato — mais precisamente na ponta que encosta no chão — e o solado, que ganhava mais flexibilidade. Esse trabalho serviu como um protótipo para o desenvolvimento posterior do Amni, que já abordamos anteriormente neste livro.

Outro fruto colhido pelo trabalho do *Growing Council* não foi muito aproveitado pela Rhodia, mas inspirou empresas que atuam no setor. O conselho formou um grupo de trabalho focado em construção civil. Em parceria com a Uniemp (Fórum Permanente das Relações Universidade-Empresa), a Rhodia realizou um estudo que diagnosticou os padrões de consumo do mercado varejista de construção civil na Grande São Paulo, com foco nas pequenas obras — de baixa renda. O objetivo era montar parcerias com clientes e fornecedores da Rhodia e oferecer ao mercado *kits* para reformas de pequeno porte, com melhor aproveitamento de material.

Dentro da Rhodia, a ideia não avançou muito. Alguns anos depois, porém, a ideia inspirou outras empresas. Uma delas é a *startup* Juntos Somos +, sociedade entre as gigantes Gerdau, Tigre e Votorantim Cimentos. A nova empresa, surgida em 2019, oferece uma espécie de programa de milhagem para consumidores e vendedores de produtos de construção. Ao comprar produtos das marcas dos acionistas da Juntos Somos + e mais uma série de marcas parceiras, o cliente acumula pontos que podem ser trocados por descontos, produtos ou equipamentos.

Jeito Rhodia de fazer bem feito – versão 2.0

Os anos 2000, na Rhodia e no mundo, marcaram o aumento da preocupação com o meio ambiente. Os impactos mais evidentes do aquecimento global fizeram com que a atenção da sociedade se voltasse para

---

1 Fonte: https://www.dgabc.com.br/Noticia/128773/rhodia-quer-atingir-area-de--calcados-

a poluição causada pelas grandes empresas que, por sua vez, precisaram adotar medidas para mostrar que estavam engajadas em amenizar ou mitigar os efeitos que suas atividades causam à natureza.

A partir de 2005, a Rhodia estruturou a metodologia *Rhodia Way*, um programa corporativo mundial para basear os negócios da empresa pensando no impacto causado pelas atividades a seus *stakeholders*: clientes, empregados, meio ambiente, acionistas, fornecedores e comunidades. O desenvolvimento sustentável dos negócios passou a ser feito com base em práticas e indicadores de acompanhamento definidos na metodologia. Foram firmados 21 compromissos[1] de Responsabilidade Social Corporativa (RSC) da Rhodia com seus *stakeholders*:

- ***Clientes:*** *expressar nossos compromissos de Responsabilidade Social Corporativa (RSC) no relacionamento com os clientes; inovar durante a incorporação da RSC; e controlar os riscos relacionados ao produto.*
- ***Empregados:*** *garantir a saúde e a segurança dos empregados; garantir os direitos sociais dos empregados; assegurar um excelente diálogo com os empregados; desenvolver a empregabilidade; e buscar o engajamento dos empregados.*
- ***Meio Ambiente:*** *promover o gerenciamento ambiental; conservar os recursos naturais; limitar os impactos no meio ambiente, protegendo a biodiversidade.*
- ***Acionistas:*** *criar valor de forma responsável; assegurar o gerenciamento de risco; assegurar que o bom gerenciamento e as práticas de governança sejam observados e comunicados; comunicar de forma transparente.*
- ***Fornecedores:*** *definir os pré-requisitos e incorporá-los ao procedimento de seleção dos fornecedores; avaliar o desempenho dos compradores em termos de RSC; gerenciar e avaliar fornecedores, otimizando os relacionamentos.*
- ***Comunidades:*** *integrar as unidades dentro de suas áreas locais (região, país); controlar os riscos relacionados à presença das unidades da Rhodia em suas áreas locais; controlar os riscos relacionados à logística, prevenindo acidentes.*

Os conceitos que estão na base do *Rhodia Way* foram importantes no desenvolvimento de produtos da linha dos sustentáveis, alguns

---

1 Extraídos de um *folder* institucional produzido pela Rhodia para apresentar o *Rhodia Way* a seus *stakeholders*.

dos quais já apresentamos neste livro, como Augeo, Amni e Emana. Também foram importantes para a implantação do projeto Angela, para abatimento de gás de efeito estufa, e a constituição do Instituto Rhodia de Responsabilidade Social[1]. Renato Boaventura, conta como isso funcionou no Brasil:

> *"O Rhodia Way foi uma iniciativa global muito legal, porque representou o início dessa consciência de desenvolvimento sustentável que a empresa começou a construir e que, depois, levou à definição dos objetivos da sustentabilidade e colocou todos os desafios ao lado da inovação. Para cada um desses stakeholders definimos práticas que deveriam ser implementadas para melhorar e desenvolver a relação com cada um deles. Isso foi feito para todos os seis de forma homogênea em todos os sites da empresa no mundo. São 48 práticas. E para cada uma, há um grau de desenvolvimento para evoluir ano a ano. Tudo auditado com metas, bônus, remuneração variável. É uma forma de gestão. Quando veio o Rhodia Way, considerando nossa competência em WCM, para as equipes brasileiras foi algo fácil. No final das contas, acho que soubemos desenvolver muito bem o Rhodia Way, justamente por essa grande competência do WCM, essa competência de envolver as equipes que vem lá do PRHOEX. A gente já estava com isso azeitado e soube envolver os empregados de forma legal, organizada e promover uma série de iniciativas para conseguir construir o desenvolvimento sustentável com a visão do Rhodia Way de forma destacada. Sempre tivemos notas de destaque em relação às outras regiões do grupo."*

Para explicar essa facilidade da unidade brasileira em desenvolver a metodologia, Carlos Cardoso faz uma analogia com uma cozinha: *"era como se a gente tivesse o forno pronto e os cozinheiros estivessem preparando uma receita nova. No resto do mundo, por outro lado, não tinha forno nem cozinheiro"*. Já Boaventura relata que muitas das práticas definidas globalmente já haviam sido implantadas no Brasil anteriormente:

---

1 Sediado no Clube Rhodia, na cidade de Campinas/SP, realiza atividades com jovens de 12 a 16 anos que moram no entorno da unidade da Rhodia instalada no município vizinho de Paulínia. Desde 2008, desenvolve o programa de capacitação Alquimia Jovem, com cursos complementares ao currículo escolar relacionados à saúde, artes, esportes e meio ambiente.

"Sempre tivemos uma atenção muito grande nas relações com a comunidade do entorno, inclusive com a iniciativa do Portas Abertas lá nos anos 1980. Quando veio o Rhodia Way, já tínhamos algumas práticas incorporadas; e fomos desenvolvendo outras. Quando falamos em empregados, eu me lembro de reconhecimento: lá em São Bernardo, a gente tinha o The Best, que foi levado para todas as unidades no país; depois, ultrapassou fronteiras e passou a se chamar Excelência América Latina; começou local, em um site, e hoje abrange toda a América Latina. Esse é um exemplo que faz parte do Rhodia Way."

Nos negócios, a Rhodia também diversificou seu ramo de atuação, com base em sustentabilidade. Em 2000, o grupo havia criado uma empresa, a Rhodia Energy, focada na produção de energia elétrica. No Brasil, ela tomou forma apenas em 2010, após uma parceria firmada com a Usina Paraíso[1], em Brotas, no interior de São Paulo. A planta ficou pronta em 2012 e produz energia elétrica e vapor do bagaço de cana-de-açúcar. A geração sustentável de energia atende à própria demanda da unidade e o restante é comercializado no mercado livre de energia.

Novo comando, mesmo nome

Antes de falarmos da Solvay, precisamos voltar um pouco no tempo, quando a empresa era um conglomerado industrial e comercial presente em todo o mundo e sua maior operação fora da França estava no Brasil. Em 1981, quando o socialista François Miterrand era presidente da França, a Rhône-Poulenc foi estatizada. O político socialista Loïk Le Floch-Prigent foi nomeado como presidente do grupo. Em 1986, com a eleição do centro-direitista Jacques Chirac, uma revolução na política econômica foi implementada e Jean René Fourtou foi nomeado para presidir a empresa com a função de privatizá-la e pulverizar suas ações na Bolsa de Valores.

Com o objetivo de modernizar o conglomerado e abrir o seu capital, Fourtou formou aquele Comitê Executivo de seis membros do qual Musa viria a participar. *"Com os fortes problemas nas bolsas mundiais, tivemos de esperar e só conseguimos a entrada na Bolsa de Paris em 1993. A partir daquele momento, o preço das ações passou a influenciar na estratégia da empresa e — por que não dizer — no comportamento*

1 Pertencente à Raízen, produz cana-de-açúcar para geração de etanol. It was nationalized by the French government in 1982 but returned to private ownership in 1993.

de seus principais executivos, então estimulados pela possibilidade de compra de ações", comenta Musa.

Desde então, a estratégia do grupo foi repensada e dividida basicamente em duas frentes de atuação, uma chamada "Ciências da Vida" e outra, de "Química e Têxtil", que incorporou globalmente o nome Rhodia, antes utilizado apenas pelas empresas da Rhône-Poulenc instaladas no Brasil e na Alemanha. A complexa movimentação (para entender melhor, consulte o infográfico a seguir) foi notícia no dia 2 de setembro de 1999 na *Folha de S. Paulo*: "Rhône-Poulenc vende participação na Rhodia"[1]. Em crise financeira, o grupo francês decidiu colocar à venda parte das ações que detinha da Rhodia. Ao mesmo tempo, formalizou a fusão com a alemã Hoechst[2], que deu origem à Aventis e seguiu atuando apenas no setor de ciências da vida (farmacêutica, agropecuária e saúde animal).

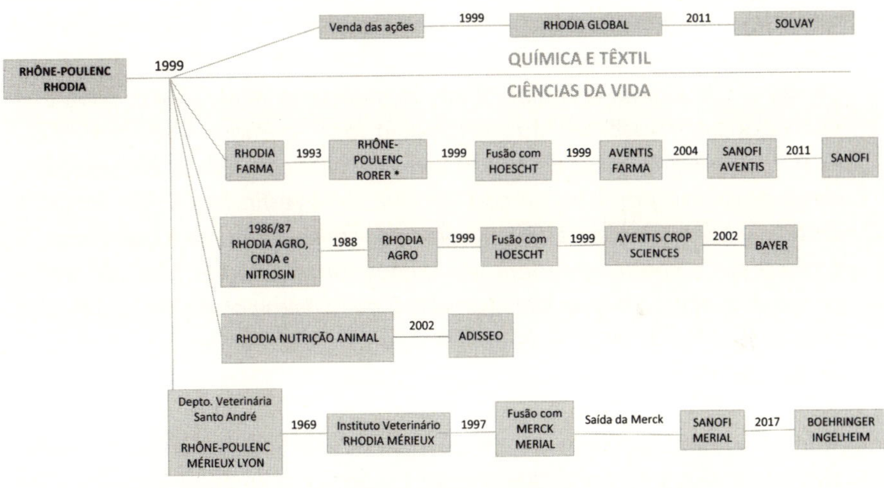

* RHODIA FARMA foi incorporada à RHÔNE-POULENC RORER em 1995/96

Duas semanas depois, a mesma *Folha de S. Paulo* informou[3] que a Rhodia seguiria existindo como uma empresa autônoma, herdando as atividades químicas e têxteis das quais a Rhône-Poulenc abrira mão. José Carlos Grubisich, que à época presidia as operações da companhia na América Latina, disse ao jornal que o objetivo, a partir daquele momento, era continuar expandindo: "Estamos buscando todas as oportunidades de colocar em prática nosso projeto de aquisições e

1 https://www1.folha.uol.com.br/fsp/dinheiro/fi02099907.htm

2 A Aventis seguiu como acionista minoritária da Rhodia até meados de 2005, quando vendeu definitivamente toda a sua participação na companhia.

3 https://www1.folha.uol.com.br/fsp/dinheiro/fi1709199908.htm

de alianças, que deve começar no mês que vem, com uma associação com uma empresa de aditivos alimentares no Chile[1]". Em um momento que poderia decretar o começo do fim de uma história de 80 anos no Brasil, a Rhodia demonstrou, mais uma vez, sua força local e o porquê de ser tão autônoma em relação aos franceses. O comando do grupo mundial continuou instalado na França, mas agora utilizando o nome que até então era exclusivo da subsidiária brasileira.

Com essa explicação feita, podemos voltar a 2011, quando o processo de venda da Rhodia para Solvay foi concluído[2], que incluía uma negociação especial: o francês Jean-Pierre Clamadieu deveria assumir a liderança da Solvay, o que de fato aconteceu. Para quem estava no Brasil, foi uma boa notícia. Clamadieu trabalhara aqui, falava português e tinha admiradores. Clamadieu ocupou o cargo de presidente global da Solvay até 2019. Segundo Walter Cirillo, o grupo mundial seguiu enfrentando dificuldades financeiras mesmo após a separação da Rhône-Poulenc:

> *"A Rhodia mundial tinha uma situação financeira muito difícil. Estava endividada. Por isso, ela não conseguia fazer grandes investimentos — e a indústria química demanda investimentos constantes. Ela estava desaparecendo por falta de capacidade de investir. Havia um temor de que a Solvay dissolvesse a Rhodia. A gente dizia: 'se esses caras comprarem a Rhodia mundial, nós vamos ser retalhados. Eles vão separar, vão fechar'. No entanto, a Solvay demonstrou comprometimento com a indústria química e de apreciação pelo país. Então caiu bem (a venda), eu diria."*

A Solvay está presente no Brasil desde 1948. Iniciou suas atividades em Santo André, na Grande São Paulo, com a produção de cloro e soda pela subsidiária Eletrocloro. Assim como a Rhodia, seguiu uma trajetória de aquisições e fusões com outras companhias ao longo dos anos. O nome Solvay só passou a ser utilizado como marca da empresa no Brasil em 1989, quando já havia unidades operando em Paulínia (SP), Curitiba (PR) e em cidades do interior de Minas Gerais. Nos anos seguintes, seguiu sua expansão, em especial na produção de plásticos.

---

1 A fusão com a empresa chilena Gelymar foi concluída em setembro de 1999 e durou até 2004, quando foi desfeita com a venda do negócio Global Food Ingredients para a dinamarquesa Danisco.

2 Reportagem da *Agência Estado*, replicada pela revista *Época Negócios* em abril de 2011, fala num negócio de US$ 4,8 bilhões.
http://epocanegocios.globo.com/Revista/Common/0,,EMI223245-16357,00-BELGA+SOLVAY+COMPRA+RHODIA+POR+BILHOES.html

Em 2000, entrou no ramo farmacêutico com a aquisição do Laboratório Sintofarma.

Apesar de já ter uma história consolidada aqui, o grupo belga não era tão conhecido no país, afinal, o nome Solvay passou a ser utilizado localmente quando a Rhodia já havia completado 70 anos. Por isso, tendo ciência da relevância da marca no Brasil, os belgas optaram por manter o nome por aqui.

O nome segue sendo utilizado no país nas unidades de Santo André e Paulínia[3]. De lá para cá, o grupo seguiu com suas operações focadas no segmento de Química e Têxtil, passando por reestruturações e adequações. Em 2015, por exemplo, a unidade têxtil de Jacareí encerrou as atividades e as instalações foram transferidas e concentradas em Santo André[4]. Cinco anos depois, as atividades da fábrica de plásticos de engenharia instalada pela Rhodia em 1984 na cidade de São Bernardo do Campo (SP) foram vendidas à alemã Basf, que adquiriu globalmente as unidades de poliamida da Solvay — com exceção dos Intermediários de Poliamida e Fibras no Brasil.

No mundo, o Grupo Solvay empregava, em 2018, 27 mil pessoas em 125 localidades espalhadas em 62 países. O comando da Rhodia mudou, mas mesmo depois de um século de presença no mercado brasileiro, a marca segue firme e forte. Em junho de 2020, em meio à pandemia da Covid-19, a Rhodia lançou o fio de poliamida *Amni Vírus-Bac-OFF*, que tem em sua matriz polimérica compostos que inativam vírus envelopados, como é o caso dos coronavírus, inclusive do SarsCov-2. Uma tecnologia totalmente desenvolvida no Brasil, que foi lançada nacionalmente no tempo recorde de aproximadamente três meses. Trata-se do primeiro fio têxtil de poliamida com propriedade antiviral de efeito permanente, um produto que se tornou um sucesso de mercado por conta de oferecer uma proteção adicional às pessoas. Dadas as suas características e propriedades diferenciadas, o Amni Vírus-Bac-OFF tem sido utilizado em uma série de aplicações têxteis na confecção de roupas, máscaras, uniformes profissionais e escolares, enxovais hospitalares e em tecidos aplicados no setor de transportes (autos, ônibus, trens e metrôs), arenas e estádios esportivos.

---

3 A Solvay segue utilizando o nome próprio em unidades instaladas em Itatiba, Taboão da Serra e Brotas, todas no estado de São Paulo. Esta última, inaugurada em 2012, seria a nova planta da Rhodia Energy no Brasil.

4 http://g1.globo.com/sp/vale-do-paraiba-regiao/noticia/2015/04/rhodia-encerra-producao-e-demite-129-trabalhadores-em-jacarei-sp.html

A Rhodia segue viva na memória de quem teve a oportunidade de dedicar anos e anos de carreira à companhia e também nos diversos legados deixados à indústria nacional. Com uma trajetória de pioneirismo e inovação, continua sendo construída pelos atuais profissionais, tendo como base o exemplo de milhares de funcionários e colaboradores que trabalharam na companhia nesse período.

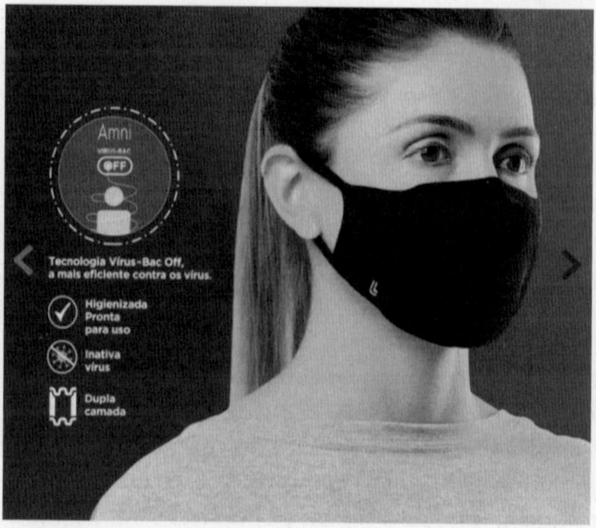

Campanha de lançamento do fio de poliamida Amni Vírus-Bac-OFF: Rhodia entra na luta contra a Covid-19

CONCLUSÃO

A Rhodia de hoje é um reflexo da Rhodia de ontem

Entre os anos 1960 e 1980, o médico e cientista americano-polonês Albert Bruce Sabin, criador da vacina contra a poliomielite, esteve diversas vezes no Brasil para ajudar a conter a doença por aqui. Numa das últimas viagens, em setembro de 1991, Sabin bateu às portas da Rhodia. Ele queria difundir a vacinação em massa contra a pólio e achava que podia fazer isso por inalação, por meio de uma máscara descartável. Procurava uma empresa capaz de desenvolver e produzir a peça. O cientista foi recebido na sede da Rhodia, no Centro Empresarial, em São Paulo, pelos engenheiros da Atividade Plásticos de Engenharia, liderada por Rubens José Paulella que, anos depois, comandaria a Divisão Farma. Uma foto mostra Sabin, Paulella e Luís Augusto Barcelos Barbosa,

atual presidente do Grupo Eternit. Infelizmente, a Rhodia não conseguiu atendê-lo porque não tinha os processos necessários para produzir as máscaras. A história, no entanto, exemplifica, mais uma vez, a reputação da Rhodia como empresa inovadora, preocupada com qualidade e com responsabilidade social.

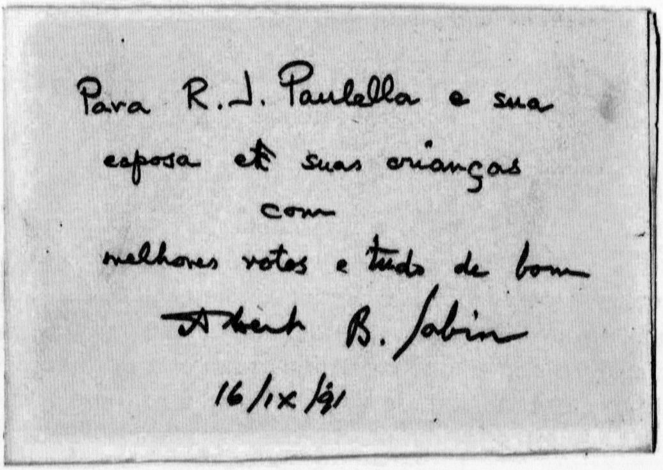

Em seus mais de 100 anos, a Rhodia Brasil marcou muitos setores da economia, provocou mudanças na sociedade e antecipou revoluções na gestão organizacional. Não contamos toda a história secular, mas fizemos um recorte de quatro décadas, que vão do começo dos anos 1960 até o final dos anos 1990. Sabe-se que muito foi realizado antes (veja o capítulo *A Juventude de Uma Gigante*) e depois desse período (*Uma Empresa que Continua Fazendo História*).

O foco naqueles 40 anos deve-se a algumas constatações. Foi no começo da década dos anos 1960 que a Rhodia mudou a história da moda no Brasil, seja com o lançamento de novos fios para tecidos, seja com ações de marketing que impactaram toda a sociedade. Entre outras coisas, ela fomentou a imprensa especializada em moda, lançou estilistas e criou eventos que inspiram tantos outros até hoje. Na área têxtil, mesmo sem ter os consumidores como clientes finais, criou uma marca e fez sua etiqueta ser conhecida e desejada. Virou sinônimo de qualidade.

Naquela época, também, suas fábricas começaram a receber os primeiros engenheiros brasileiros, em substituição aos franceses, provocando uma mudança cultural que culminou na indicação de Edson Vaz Musa para o cargo de presidente em 1984 — o primeiro executivo local a comandar uma multinacional.

Foi ainda nesse período que a Rhodia consolidou sua importância no setor farmacêutico, dando continuidade ao trabalho iniciado lá atrás, ao espalhar propagandistas por todo o território nacional. Eles eram os responsáveis por convencer os médicos da eficácia de seus produtos, medicamentos que seguem no mercado até hoje.

Encerramos essa jornada no final dos anos 1990 porque foi ali que a Rhodia deixou de ter o controle da Rhône-Poulenc. Seguindo movimentos globais de fusões e aquisições, a matriz francesa se desfez de seus negócios nos setores químico e têxtil, abrindo espaço para a filial brasileira seguir suas atividades nessas áreas por conta própria. A Rhodia do Brasil, assim, passou a ser uma empresa autônoma, situação que perdurou até 2011, quando foi comprada pelo grupo belga Solvay.

Nos anos 2000, outra história começou a ser escrita, com novos personagens, desafios e conquistas. Com certeza, há conteúdo para outro livro. A empresa segue firme nos setores têxtil e químico. Neste último — a sua essência desde 1919 —, inclusive, quando se fala de inovações, a Rhodia continua sendo um dos *players* mais importantes do mercado. Adaptando-se às novas demandas do mercado, nos últimos anos, o foco tem sido a produção de itens com o menor impacto possível no meio ambiente, como solventes de fontes renováveis naturais.

Em muitos aspectos, a Rhodia segue deixando sua marca. Por maior que sejam as mudanças na gestão, a inovação, o pioneirismo e a vontade permanente de crescer são marcas da cultura rhodiana que perduram há mais de um século. Basta ver alguns dos resultados de 2020, como o tecido que auxilia no combate à contaminação por Covid-19, lançado durante a pandemia, ou o prêmio de empresa mais inovadora no setor Químico e Petroquímico do Brasil recebido da revista *Época Negócios*, que avaliou junto com a Fundação Dom Cabral, mais de 500 empresas do país.

A miscigenação franco-brasileira deu lugar à belgo-brasileira, mas a Rhodia continua marcando a vida de seus funcionários, ditando tendências e inspirando outras empresas. Inquieta, construiu sua reputação desbravando mercados, lançando tendências. Sempre fazendo história.

POSFÁCIO

A Rhodia está pronta para os próximos 100 anos

** Daniela Manique, presidente do Grupo Solvay na América Latina*

Em seus primeiros 100 anos, a Rhodia construiu uma história que continua nos inspirando pelo seu pioneirismo e inovação. Nosso desafio agora é prepará-la para os próximos 100 anos. E o futuro está na química verde. Acredito na importância de entregar uma química sustentável para a sociedade e, por isso, tenho muito orgulho de dizer que temos hoje o maior projeto de abatimento de gases de efeito estufa das Américas. O Projeto Angela abate mais de cinco milhões de toneladas de CO^2 anualmente.

Há uma determinação do Grupo Solvay de que nossos laboratórios de pesquisa se dediquem a criar produtos que reduzam nossa pegada de carbono[1]. E isso já é uma realidade, por exemplo, com o Amni® Vírus-Bac OFF, a poliamida reciclável lançada no Brasil em 2020, que possui agente antiviral e antibacteriano em sua matriz polimérica, ajudando a bloquear a contaminação cruzada de vírus e bactérias. O Amni® Vírus-Bac OFF possui várias aplicações em roupas e acessórios, e se destacou na pandemia em máscaras de marcas como Líquido e Lupo. É

1 *Carbon footprint*, no inglês

um produto inovador e único no mundo, que respeita o meio ambiente no processo de produção do fio.

Não podemos falar de sustentabilidade sem falar de Paulínia, o segundo maior parque industrial da Solvay no mundo, localizado no interior de São Paulo. Estamos trabalhando para, até 2025, tornar Paulínia uma unidade de carbono neutro. Para zerar, só falta eliminar 4% das nossas emissões. Já reduzimos 96%. Esperamos que Paulínia se torne o *site* verde da Solvay no mundo e o *site* verde da química brasileira. E acredito que até 2022 conquistaremos a certificação como uma fábrica verde. Para isso, temos feito investimentos importantes, como a segunda unidade do solvente sustentável Augeo®, inaugurada em outubro de 2020[1]. O Augeo® é uma linha de solventes verde e vegana[2], que encontra grande aceitação no mercado externo. Infelizmente, o Brasil ainda não tem uma demanda forte por produtos químicos sustentáveis. Quero destacar que o Augeo® ganhou o prêmio de inovação da Amcham em 2019, e, segundo a consultoria Nexant, possui um dos cinco melhores índices de solubilidade e pureza no mundo. Vale lembrar que o número um é a água.

Outra frente de investimentos sustentáveis em Paulínia é o reflorestamento dos entornos da operação. Quando comparamos uma foto de Paulínia da década de 70 com uma foto de hoje, vemos que as áreas vazias em torno das fábricas são ocupadas agora por florestas. Nos últimos 10, 15 anos, trabalhamos muito na recuperação da floresta nativa. Isso trouxe de volta os animais, como as onças. Lá, também estamos trabalhando muito a questão da biodiversidade, da utilização da água e da energia solar. E assim a Rhodia segue pioneira como uma das empresas mais inovadoras e sustentáveis do mercado químico.

O segredo do sucesso

O Grupo Solvay possui dez *Global Business Units* (GBU), unidades de negócios independentes. A Rhodia, por meio da GBU COATIS, é

---

1 A segunda fábrica em Paulínia elevou a capacidade produtiva do Augeo para 20 mil toneladas, o que permitiu que cerca de 80% da produção seja exportada. Os Estados Unidos são o principal destino do produto, respondendo por uma fatia de mais de 30% das exportações, seguido pela Europa, Ásia e América Latina.

2 Os solventes Augeo Crystal e HGL (hexilenoglicol) possuem registro na *Vegan Society*, a instituição mais tradicional e respeitada nesse mercado. Este selo atesta que o produto não tem ingrediente de origem animal nem foi testado em animais.

a principal operação da Solvay na América Latina. Embora 25% do que produzimos sejam exportados para fora da América do Sul, nossa grande vocação é ser fornecedora para a região. O futuro da Rhodia, como parte da Solvay, é cada vez mais levar qualidade para a vida das pessoas por meio da ciência. E, para isso, mantemos a tradição dos últimos 100 anos de cuidar das pessoas. Recentemente, lançamos um novo propósito que reforça que a empresa não existe apenas para dar resultados financeiros: unir pessoas, ideias e elementos para reinventar o progresso.

Queremos continuar uma empresa que coloca cada empregado no centro da estratégia e que dá oportunidades para que todos, independentemente de sua origem, religião, gênero e credo, encontrem espaço para crescer e se desenvolver. Eu diria que temos uma longa experiência em fazer isso. A Rhodia criou os primeiros programas de *trainee* e estágio do país como porta de entrada na empresa. No ano passado, participei de uma celebração para homenagear seis pessoas que trabalham na Rhodia há 45 anos, com experiências em diferentes áreas. Uma parte da minha missão como CEO é preservar o ambiente de trabalho positivo, inovador e inclusivo, que vocês constataram ao longo do livro.

Eu me orgulho muito de fazer parte de tudo isso. Nos 16 anos que tenho na empresa, sempre tive o suporte dos meus líderes, pares e colegas para me desenvolver. Não cheguei à presidência sozinha. É um ambiente obviamente com cobranças e pressões, mas onde cada colaborador tem uma preocupação genuína em passar conhecimento para os colegas. Somos uma equipe que se orgulha de ter um ambiente colaborativo, no qual o conhecimento é valorizado e compartilhado. Acredito que está aí o segredo do sucesso da Rhodia desde seus primórdios.

No mercado, somos reconhecidos como um fornecedor robusto, de qualidade e que trabalha de forma íntegra e ética; que cumpre seus compromissos. Essa empresa dinâmica é uma escola, o local no qual passei a maior parte da minha carreira. Aqui, eu encontrei líderes fantásticos, oportunidades de crescimento e onde espero contribuir com algo de bom para as equipes que trabalham conosco. Desejo que consigamos continuar mostrando para as pessoas essa química tão bonita, a química verde, sustentável, da qual tanto me orgulho. Esse é o futuro que imaginamos para o Grupo Solvay.

Relação de rhodianos citados[1]

Ademir Medina, administração de empresas, trabalhou de 1976 a 1993, Gerente Nacional de Vendas Fios Têxteis.

Albino Nadaes Campos, economista, trabalhou de 1974 a 1999, Gerente do Departamento de Logística e Compras Estratégicas.

Alcides Torres de Miranda, engenheiro, trabalhou de 1967 a 1998, Gerente de Engenharia.

Alexandre Castanho, engenheiro, entrou na Rhodia em 1989 na Divisão Química, e o último cargo foi Diretor da Unidade de Negócios Global, na unidade Solventes, até 2012.

Alvaro Martins Calvão, engenheiro, trabalhou de 1974 a 2001, Coordenador de HSE – Acetow e Rhodia Química.

André Luís Rodrigues, engenheiro, trabalhou de 1992 a 2012, Vice-Presidente Financeiro.

Annibal Antunes, engenheiro, trabalhou de 1963 a 1994, Gerente Geral de Engenharia do Grupo.

Antonio Câmara, engenheiro, trabalhou de 1956 a 1996, Gerente do Departamento de Mecânica e Tubulação.

Antônio José Monte, economista, trabalhou de 1963 a 2000, Gerente de Assuntos Fiscais e Societários.

Aparecida Cleusa Batista, pedagoga, trabalhou de 1989 a 1992, Diretora de Recursos Humanos da Rhodia-Ster.

Auri Marçon, engenheiro mecânico, entrou como *trainee* na Rhodia em 1987 e passou por áreas como engenharia industrial e produção.

Carlos Eduardo Marenco, químico industrial, trabalhou na Rhodia de 1977 a 2014, Gerente de Projetos Sr.

Carlos Henrique Coimbra Cardoso, engenheiro, trabalhou de 1971 a 2004, Diretor do *Word Class Management*.

Carlos Antonio Nicolau Rodrigues, engenheiro, trabalhou de 1979 a 2016, Gerente de Projetos Sr.

César Antonio Ramos Gomes, administrador, trabalhou de 1980 a 1998, Gerente de Departamento Sr. de RH.

Cláudio Nobuo Takase, engenheiro, trabalhou de 1974 a 2004, Gerente de Tecnologia Industrial.

Deodato Mansano dos Santos, engenheiro, trabalhou de 1984 a 2001, Gerente de Segurança e Meio Ambiente.

Edson Vaz Musa, engenheiro, trabalhou de 1961 a 1996, Presidente da Rhodia.

Eduardo Barrella, economista, trabalhou de 1975 a 2002, Gerente de Comunicação Interna.

---

1 O cargo é o último que o profissional exerceu na Rhodia

Farid Nasser Chedid, economista, trabalhou de 1967 a 1996, Gerente Geral de Recursos Humanos.

Fernando Birman, engenheiro, trabalhou de 1986 a 2019, Diretor de Tecnologia e Informação.

Francisco José Ferraroli dos Santos, engenheiro, trabalhou de 1976 a 2015, Presidente da Rhodia Fibras.

Francisco Navas, físico, trabalhou de 1981 a 1999, Consultor do PRHOEX.

Franz Karl Crhak, engenheiro, trabalhou de 1974 a 1997, Coordenador de Administração de Materiais.

Gabriella Michelucci, química, trabalhou de 1985 a 2001, Gerente de Desenvolvimento e Aplicações.

Hertz Setti, engenheiro, trabalhou de 1972 a 1999, Gerente de Qualidade de Segurança e Meio Ambiente.

Humberto Marcelo de Campos, engenheiro, trabalhou de 1985 a 2000, Gerente de Desenvolvimento da Qualidade Rhodia Farma.

Iaci Rios, psicóloga, trabalhou de 1970 a 1998, Gerente de Recursos Humanos.

João Cesar Meneghel Rando, engenheiro, trabalhou de 1986 a 2001, Diretor Geral da Agro América Latina.

João de Oliveira Munhos Lopes, economista, trabalhou de 1970 a 2009, Gerente de Controle de Gestão da Zona América Latina.

João Ferreira do Amaral Neto, engenheiro, trabalhou de 1978 a 2014, Diretor de Manufaturas Américas – Merial.

João Paulo Somers, engenheiro, trabalhou na Rhodia de 1957 a 1990, Vice-Presidente Diretor da Divisão Química.

Joaquim Correa Neto, engenheiro, trabalhou de 1966 a 2001, Gerente de Saúde, Segurança e Meio Ambiente da Rhodia América do Sul.

José Américo Luvizotto, engenheiro, entrou em 1986.

José Antonio Maluf de Carvalho, médico, trabalhou de 1994 a 1999, Diretor de *Marketing* da Rhodia Farma.

José Arnaldo D'Aurea, engenheiro, trabalhou de 1976 a 2002, Gerente de Compras Gerais A. Latina.

José Borges Matias, engenheiro, trabalhou de 1982 a 2018, Presidente da Solvay América Latina.

José Carlos Grubisich, engenheiro, foi presidente da Rhodia de 1997 a 2000.

José da Conceição Padeiro, engenheiro, trabalhou de 1975 a 2007, Gerente de *Marketing* da Divisão Têxtil.

Jose Eduardo Sartor, engenheiro, trabalhou de 1979 a 2002, Gerente de Logística.

José Emídio Teixeira, pedagogo, trabalhou de 1982 a 2002, Gerente de Relações Sociais e Educação.

José Geraldo Barella, engenheiro, entrou na empresa em 1985 e liderou a divisão Agro no tempo da Merial.

José Luiz Lopes Alves, engenheiro, trabalhou de 1977 a 2004, Gerente de Tecnologia.

José Ricardo da Silveira, engenheiro, trabalhou de 1960 a 1993, Diretor Adjunto de Pesquisa e Desenvolvimento do Setor Fibras e Polímeros Rhône-Poulenc.

José Ricardo Rezende Calça, químico industrial, trabalhou de 1980 a 2000, Pesquisador Sr.

José Saburo Mori, engenheiro, trabalhou de 1971 a 2003, Gerente de Projetos Sr.

Lairton Leonardi, engenheiro, trabalhou de 1982 a 1997, Gerente de Negócios Latex-Papel.

Luiz Roberto Pinto Gil, engenheiro, trabalhou de 1976 a 2001. Assessor de Segurança de Processos.

Luis Antonio Sampaio da Cruz, administrador de empresas, trabalhou de 1976 a 1997, Gerente de Departamento Desenvolvimento Organizacional.

Marcos Antonio De Marchi, engenheiro, trabalhou de 1980 a 2012, Diretor Presidente da Rhodia América Latina.

Marcos Curti, administrador, trabalhou de 1990 a 2020, Vice-Presidente de Poliamidas.

Marcos Henrique Arias, administrador de empresas, trabalhou na Rhodia Farma de 1987 a 2004, Diretor Financeiro.

Marielza Pinto de Carvalho Milani, engenheira, trabalhou de 1971 a 1986, Assessora de *Marketing*.

Mathias de Abreu Lima Filho, psicólogo, trabalhou de 1986 a 1999, Consultor Interno.

Mauricy Airton Terra, engenheiro, trabalhou na Rhodia de 1964 a 1996, Gerente de Pesquisa e Desenvolvimento Fibras.

Mauro Sergio Sguerra Paganotti, engenheiro, trabalhou de 1975 a 2016, *Head of Service Excelence & Knowledge Management*.

Nelson Tadeu Pasotti Pereira, engenheiro, trabalhou de 1971 a 1997, Gerente Geral da Usina Têxteis de S. André.

Nilcea Feres Monte Alto, psicóloga, trabalhou de 1985 a 1997, Consultora Interna.

Nilton Ribera Perez, engenheiro, trabalhou de 1977 a 2003, Gerente de Negócios PPMC (Papel, Pintura, Mat. Construção).

Oswaldino Teixeira Bueno, eletrotécnico, trabalhou de 1971 a 2011, Assistente de Engenharia Sr.

Paolo Guglielmo Bellotti, engenheiro, trabalhou de 1968 a 1993. Vice-Presidente Executivo.

Paulo Mari, engenheiro, trabalhou de 1980 a 2005, Gerente Geral da Acetow Venezuela.

Raffaele Franchi, engenheiro, trabalhou de 1971 a 2006, Diretor Industrial Mundial.

Renato Boaventura, engenheiro, trabalhou de 1992 a 2020, Vice-Presidente Executivo Intermediário de Poliamida e Fibras.

Ricardo José Coelho Mantovanini, engenheiro, trabalhou de 1978 a 2017, Diretor Regional da Baixada Santista.

Roberto Darienzo Filho, engenheiro, trabalhou de 1982 a 2005, Vice-Presidente Global de *Oncology* – Aventis.

Rubens Hannun, administrador de empresas, trabalhou de 1976 a 1988, Gerente de Departamento de *Marketing* Social.

Rubens José Paulella, economista, trabalhou de 1966 a 2001, Presidente da Aventis Farma.

Ruderico de Morais, formado em medicina pela Escola Paulista de Medicina, trabalhou de 1977 a 1992, Diretor Médico.

Rui Chammas, engenheiro, atuou na área de plásticos de engenharia e foi Gerente de *Marketing* na França.

Sergio Aron, engenheiro, trabalhou de 1973 a 2003, Gerente de Engenharia Paulínia.

Sergio Kimimassa Nagao, engenheiro, trabalhou de 1978 a 2000, Assessor Corporativo de Manutenção Industrial.

Sérgio Omar Silveira, engenheiro, trabalhou de 1966 a 1998, Gerente de Atividade Filmes.

Sérgio Zuanella, engenheiro, trabalhou de 1966 a 1996, Gerente Geral da Rhodia Nordeste.

Vilien José Soares, engenheiro, trabalhou de 1970 a 2004, Gerente de Recursos Humanos.

Vito di Sessa Neto, engenheiro, trabalhou de 1987 a 2019, Gerente de Projetos & Coordenador Global do Time de Aplicações Industriais.

Walter Cirillo, administrador de empresas, trabalhou de 1966 a 2005, Presidente da Rhodia América Latina.

Walter Nori, jornalista, trabalhou de 1982 a 1988, Gerente de Comunicação Social.

Além dos citados, agradecemos também aos seguintes colegas que deram sua contribuição:

Acacio Pontinha – Rilcos
Alvaro Correia Jr. – LED
Ana Bezerra – Expatriação
Ary Siqueira Jr. – CTS 10.000
Fernando Ramada de Castro – Polimerização
João Valkurja Neto – Rilcos
José Carlos Oetterer – Informática

Teorias que guiaram a prática

Veja a seleção dos 100 principais livros utilizados pela Rhodia no processo de transformação cultural iniciado nos anos 1980[1].

1. *A Disciplina dos Líderes de Mercado* - Michael Treacy/Fred Wiersema
2. *A Empresa Totalmente Voltada para o Cliente* - R.C. Whiteley
3. *A Era do Paradoxo (Dando um Sentido para o Futuro)* - Charles Hardy
4. *A Estratégia Competitiva* - Michel E. Porter
5. *A Estratégia do Oceano Azul* - W. Chan Kim e Renée Mauborgne
6. *A Estrutura das Revoluções Científicas* - Tomas S. Kuhn
7. *A Hora da Verdade* - Spencer Jonhson
8. *A Máquina que Mudou o Mundo* - James P. Womack, Daniel Jones & Daniel Roos
9. *A Meta* - Eliahu Goldratt
10. *A Motivação para o Trabalho* - Frederick Herzberg
11. A Negociação Ganha Ganha - R.R.Reck e B.G.Long
12. *A Passion for Excellence - The Leadership Difference* - Tom Peters e Nancy Austin
13. *A Quinta Disciplina - A Dança das Mudanças* - Peter Senge
14. *A Quinta Disciplina - Cadernos de Campo* - Peter Senge
15. *A Terceira Onda* - Alvin Toffler
16. *A Vantagem Competitiva* - Michael E. Porter
17. *Análise do Valor* - João Mario Csillag
18. *Aprendendo a Enxergar* - Mike Rother e John Shook
19. *As Artes Gerenciais Japonesas* - R. T. Pascale e A. C. Athos
20. *Building a Knowledge-Driven Organization* - Robert H. Buckman
21. *Business Process Benchmarking* - Robert C.Camp
22. *By What Method?* - D. Scott Sink, Willliam T. Morris e Cindy S. Johnston
23. *CIM - Evoluindo para a Fábrica do Futuro* - A.W. Scheer
24. *Comakership - A Nova Estratégica para os Suprimentos* - Isedi
25. Competindo pelo Futuro - Gary Hamel e C. K. Prahalad
26. *Corporate Transformation* - R.H. Kilmann e T. J. Covin
27. *Creating - The Path of Least Resistance* - Robert Fritz
28. *Crescer - Não Destruir* - Robert M. Tomasko – ADL
29. *Criando a Cultura Seis Sigma* - Cristina Werkema
30. *Criatividade - Uma Vantagem Competitiva* - Bob King e Helmut Schlicksupp
31. *Criatividade Levada a Sério* - Edward de Bono
32. *Cultura e Poder nas Organizações* - Maria Teresa Leme Fleury e Rosa Maria Fischer
33. *Discovering Common Ground* - Marvin R. Weisbord

1 Em ordem alfabética pelo título.

34. *Em Busca da Empresa Quântica* - Clemente Nobrega
35. *Empresas Feitas para Vencer* - Jim Collins
36. *Estratégia Seis Sigma* - Peter S. Pande, Robert P. Newman, Roland R. Cavanagh
37. *Excelência Empresarial* - David L. Bradford e Allan R. Cohen
38. *Feitas para Durar* - Jim Collins e Jerry I. Porras
39. *First Things First* - Stephen R.Correy/A.Roger Merril/Rebecca R. Merril Simon & Schuster
40. *Further Up The Organization* - Robert Townsend
41. *Future Search* - Marvin R. Weisbord/Sandra Janoff
42. *Gaining Control of Corporate Culture* - R.H.Kilmann, M.J. Saxton e R. Serpa
43. *Gerenciando as Mudanças* - Ichak Adizes
44. *Gerenciando sem Soluções Paliativas* - Ralph Killmann
45. *Gerente Minuto* - Kenneth Blanchard
46. *Guide to Quality Control* - Dr. Kaoru Ishikawa
47. *High - Involvement Management* - Edward E. Lowler
48. *Hoshin Kanri* - Yoji Akao
49. *Hoshin Planning - The Development Approach* - Bob King
50. *Human Dynamics* - Sandra Seagal e David Horne
51. *I'll Know It When I See It* - John Guaspari
52. *Implementing a Lean Management System* - Thomas L. Jackson e Karen R. Jones
53. *Innovation and Entrepreneurship* - Peter F. Drucker
54. *Inteligência Emocional* - Daniel Goleman
55. *Introdução à Teoria dos Sistemas* - C.West Churchman
56. *Just-in-Time - Uma Estratégia Avançada da Produção* - Richard T. Lubben
57. *Kaizen: A Estratégia para o Sucesso Competitivo* - Massaki Imai
58. *Lateral Thinking* - Edward de Bono
59. *Liderança* - Philip B. Crosby
60. *Liderando a Revolução* - Gary Hammel
61. *Liderar é Uma Arte* - Max de Pree
62. *Managerial Engineering* - Ryuki Fukuda
63. *Manual da Qualidade* - Peter R. Scholtes
64. *Marketing de Guerra* - Al Ries
65. *Megatendências* - John Naisbitt
66. *Método Deming na Prática* - Mary Walton
67. *Motivation and Personality* - A. Maslow
68. *O Caminho de Deming para a Melhoria Contínua* - William W. Schekenbach
69. *O Caminho de Deming para a Qualidade e Produtividade* - William W. Schekenbach
70. *O Dicionário do Futuro* - Faith Popcorn e Adam Hanft
71. *O Lado Humano da Empresa* - Douglas McGregor
72. *O Motor da Liderança* - Noel M. Tichy e Eli Cohen
73. *O Ponto de Mutação* - Fritjof Kapra

74. *O Tao da Física* - Fritjof Kapra
75. *Organizational Culture and Leadership* - Edgar Schein
76. *Os Ciclos de Vida das Organizações* - Ichak Adizes
77. *Planejamento e Medição para a Performance* - Scott Sink e Thomas C. Tuttle
78. *Principle Centered Leadership* - Stephen Covey
79. *Project Management* - Project Management Institute
80. *Psicologia para Administradores de Empresas* - Paul Hersey e Kenneth H. Blanchard
81. *Qualidade - Ferramentas para Uma Melhoria Contínua* - Memory Jogger - Michael Brassard
82. *Qualidade: A Revolução da Administração* - W.E.Deming
83. *Quality Without Tears* - Philip Crosby
84. *Reengineering the Corporation* - Michael Hammer e James Champy
85. *Reinventing the Corporation* - John Naisbitt
86. *Seven Habits of Most Effective People* - Stephen Covey
87. *The Change Masters* - Elizabeth Moss Kanter
88. *The Human Problems of an Industrial Civilization* - Elton Mayo
89. *The Hungry Spirit* - Charles Handy
90. *The Innovator's Dilemma* - Clayton M. Christensen
91. *The Innovator's Solution* - Clayton M. Christensen e Michael E. Raynor
92. *The New Competition* - Philip Kotler, Liam Fahey e S, Jatusripitak
93. *The Social Psychology of Organizations* - Daniel Katz e Robert Kahn
94. *Times da Qualidade* - Peter R. Scholtes
95. *Total Qualilty Control* - Armand Feigenbaum
96. *Transformando a Organização* - Francis J. Gouillart e James N. Kelly
97. *Vencendo a Crise* - Thomas J. Peters e Robert H. Waterman Jr
98. *Vers le Zéro Defaut dans L´Entreprise* - J. M. Douchy
99. *World Class Manufacturing* - Richard J. Schonberger
100. *Zen e a Arte da Manutenção das Motocicletas* - Robert M. Pirsig

QUALITYMARK EDITORA

Entre em sintonia com o Mundo

Qualitymark Editora Ltda.

Rua Carlos Machado, 155 – sala 207
Polo Cine e Vídeo – Jacarepaguá
22775-042 – Rio de Janeiro – RJ
Tels.: (21) 3597-9055 / 3597-9056
Vendas: (21) 3296-7649

E-mail: quality@qualitymark.com.br
www.qualitymark.com.br

Dados Técnicos:

• Formato:	16 x 23 cm
• Mancha:	12 x 19 cm
• Fonte texto:	Futura Std Book
• Corpo:	11
• Entrelinha:	13
• Total de páginas:	224
• Lançamento:	2021